U0584396

海外陶瓷研究名家译丛

明代陶瓷器物
The Wares of the Ming Dynasty

［英］R.L.霍布森 著

徐 娜 辛佩融 易珂歆 译

江西高校出版社
JIANGXI UNIVERSITIES AND COLLEGES PRESS

图书在版编目（CIP）数据

明代陶瓷器物/（英）R. L. 霍布森著；徐娜, 辛佩融, 易珂歆译. --南昌:江西高校出版社,2023.12（2025.1重印）
（海外陶瓷研究名家译丛）
书名原文:The Wares of the Ming Dynasty
ISBN 978 - 7 - 5762 - 4157 - 0

Ⅰ. ①明… Ⅱ. ①R… ②徐… ③辛… ④易…
Ⅲ. ①瓷器(考古)—研究—中国—明代 Ⅳ. ①K876.34

中国国家版本馆 CIP 数据核字（2023）第 159173 号

明代陶瓷器物
MINGDAI TAOCI QIWU

出 版 发 行	江西高校出版社	
社 址	江西省南昌市洪都北大道 96 号	
总编室电话	（0791）88504319	
销 售 电 话	（0791）88522516	
网 址	www. juacp. com	
印 刷	固安兰星球彩色印刷有限公司	
经 销	全国新华书店	
开 本	787mm×1092mm　1/16	
印 张	11.25	
字 数	210 千字	
版 次	2023 年 12 月第 1 版	
	2025 年 1 月第 2 次印刷	
书 号	ISBN 978 - 7 - 5762 - 4157 - 0	
定 价	78.00 元	

赣版权登字 -07 - 2023 - 656

版权所有　侵权必究

图书若有印装问题,请随时向本社印制部（0791 - 88513257）退换

卷首图

掐丝珐琅风格彩釉梅瓶,绘海水、荷花和芦苇,肩部一周饰璎珞纹,

约制作于 1500 年,高 14.5 英寸

埃文·特里斯爵士藏

译者前言

　　《明代陶瓷器物》一书是西方研究明代陶瓷的重要专著,作者是研究中国陶瓷的英国权威学者 R.L.霍布森。本书第一章大致叙述了明代陶瓷的特征,指出了关于明代陶瓷的误解。第二章至第三章主要从装饰技法和制瓷工艺等方面介绍了明代的制瓷技术。第四章至第五章主要评述了洪武、永乐和宣德时期最具代表性的瓷器。第六章至第七章介绍了成化、弘治、正德时期最具代表性的瓷器。第八章至第十二章评述了嘉靖、隆庆、万历及明末的代表性陶瓷器物。第十三章至第十六章评述了明代景德镇地区之外的陶瓷生产情况,包括福建陶瓷,宋瓷、青瓷、钧瓷、广东陶瓷和宜兴陶瓷等。第十七章则主要介绍明代陶瓷器物常见的款识、铭文以及中国汉字。

　　书中援引了世界各大博物馆和私人收藏中的明代陶瓷,图文并茂,具有重要的文献参考价值。为了便于读者理解,在翻译的过程中,译者添加了大量的脚注,对部分编排体例进行了调整,现说明如下:

　　一、脚注主要包含以下几类信息:

　　1.原书中提到的部分中外学者的生平概要,如高濂人、Mathieu de Coussy 等。

　　2.原书中提到的部分中外地名、机构名,如瓜洲、果阿等。

　　3.原书中引用了大量中文古籍。为了方便读者阅读,译者在翻译时直接引用古籍原文。

4. 为了保证插图中器物尺寸的准确性,译文中插图的长度单位沿用了原著中的长度单位"英寸",1 英寸≈2.54 厘米。

二、为了方便读者阅读,译者将原著附录中的图版调整为书内插图。

2023 年 8 月

中国早期陶瓷史近来受到了应有的关注,丛书第一卷(指《中国早期陶瓷器物》)专门围绕它们来讲述。本书是第一部有关明代陶瓷器物的专著,它不仅是《中国早期陶瓷器物》的续卷,也是研究更为人们所熟知的清代瓷器的基础。

自 15 世纪起,欧洲就已经开始了解并慢慢熟悉明代陶瓷。瓷器最开始出现在欧洲时,就像一条小溪,量不多也不稳定,后来逐渐增多,到明朝末年,也就是 17 世纪中叶,几乎达到了洪水的规模。直到最近几年,我们才逐渐了解为要求更严格的中国国内市场烧造的优质明代陶瓷。虽然明代早期品质一流的陶瓷样本稀少,但所有的材料足以单独撰写一本关于明代陶瓷的专著。

16 世纪,伟大的制瓷中心景德镇的陶瓷生产数量巨大。即使在三百多年之后,也不乏样本来满足各种水平的收藏家的需求。明代官窑瓷器和华丽璀璨的三彩瓷瓶稀有而罕见,价格也更昂贵,是有钱人使用的瓷器。但还有另一种供平民百姓使用的明瓷,比如外销的大宗青花瓷、彩瓷,甚至明晚期的官窑瓷器都不难获取,其大胆的设计与装饰特征吸引了品位高雅的人士。

本书旨在尽可能详细地阐释明代瓷器的不同种类。书中文字主要来源于中国的文献记载,以及明朝时期欧洲人访问中国的札记。除此以外,本书还增加了一些推论,这些推论基于对可靠样本及参考文献中有价值的内容的研究。前十二章主要讲述景德镇的陶瓷，后四章专门叙述其他地区的陶瓷。书中大部分插图来自私人收藏，但也提及了在公共博物馆中能见到的重要样本和其他著作中刊出的样本。本书还尝试通过彩图展示明代陶瓷的主要色彩。

借此机会，我要感谢所有允许我随意取用展柜藏品的朋友，我在插图描述中提到了他们的名字。我还要感谢卢浮宫、维多利亚与艾尔伯特博物馆的同事们；感谢巴洛特小姐和马奎特·德·瓦塞洛先生、洛克汉姆先生和金先生——感谢他们愿意借出他们主管的藏品；感谢莱恩女士、L. 弗尔德先生、J. 索法尔先生、M. 卡尔曼先生、蒂萨克先生、B. 利斯伯格先生、M. D. 以西结先生、J. 波提格博士和伯恩博士借出或赠送照片；感谢 R. W. 贝莱特先生提供关于外销瓷的一些有用的注释；感谢 L. 盖尔斯博士为本书检查汉字；最后，感谢 A. L. 赫瑟林顿先生在鉴定依据方面提供的宝贵帮助。

R. L. 霍布森

1923 年 1 月

目 录 CONTENTS

第一章　导论:明代陶瓷的真与伪

人们普遍认为,中国的英文名称"China"与景德镇的瓷器有密切的联系。景德镇的瓷器在明朝达到了完全成熟,除了产量的增加和不可避免的细节完善,后来的朝代对它的发展几乎没有什么补充。后世的中国文人和收藏家在谈到明代瓷器时充满了敬意。明朝的几个统治时期也被一致认为是瓷器制造的鼎盛时期。

这一论断长期以来一直为欧洲的陶瓷专业学生所认同,但并未得到应有的接受与认可,原因是缺乏直观的展示。在我们的收藏中,优质的明代陶瓷样本稀少,因此它们卓越的品质引起了人们的怀疑。大部分经过鉴定的明代瓷器属于外销瓷,它们因大胆的色彩和别致的造型备受青睐。明朝时期的器物浑厚、粗犷,在完成度和精致度方面无法与康熙、雍正和乾隆时期的精美瓷器相比。

项元汴①的《历代名瓷图谱》精选了一系列明代陶瓷样本,图文并茂,意趣深远,但其插图的准确性值得怀疑。因此,直到越来越多的更精美的明瓷样本开始逐渐向西方涌入时,我们的疑虑才真正地慢慢消散。

时至今日,直观的展示虽然还不够完整,但毫无疑问正逐步完善。其他有利条件从实物角度帮助我们更好地了解明代陶瓷,弥补了我们当前在明代陶瓷知识方面的不足。除了我们几代人熟知的明代外销瓷,我们现在亲眼所见的明代陶瓷中还有一些过于精致、昂贵而无法承受昔日出口风险的优质瓷器。它们仅供宫廷使用,同时能满足中国国内最挑剔的鉴赏家的要求。明代瓷器的声誉正是建立在这些优质的瓷器上。看到它们,我们才意识到,中国陶瓷收藏爱好者的赞美并不过分。

综上所述,我们在研究中国明代瓷器时,必须综合考虑两种不同类型的明代瓷器:一种是制作精良的瓷器,如永乐碗(插图10);另一种是浑厚的瓷器,由帆船或商队运输到西方市场。这两类瓷器无疑是两个极端,但仍然属于同一支。这两者间还存在各种不同质量的瓷器,把我们从一个极端逐渐带向另一个极端。一套完整的、真正具有代表性的明代瓷器收藏系列告诉我们,明代制瓷工匠在明朝初期就完全掌握了较高水平的制瓷工艺,他们的制瓷方法一点儿也不粗糙、稚嫩,是景德镇后来所有陶瓷工艺发展的基础。

目前为止如果没有提到其他地方生产的陶器和瓷器,不是因为在随后的章节中没有考虑它们,而是将在专门的章节介绍它们。以上概括性的叙述主要是关于景德镇地区的

---

① 见 R. L. 霍布森所著 *The Wares of the Ming Dynasty*,第13页。——原注

陶瓷生产制作，陶瓷的几次重要发展是在这里完成的。其他地区的陶瓷虽然性质也发生了变化，但却与景德镇陶瓷同时发展。

明代制瓷工艺的发展及其基本特点将在随后的章节中详细介绍，目的是让读者分辨和鉴赏明代陶瓷的要点。在这些要点中，表面装饰自然会受到特别关注。与宋代的单色釉不同，明代陶瓷最突出的特点是使用图案和彩绘装饰。这些绘画图案主要通过青花、青花加彩以及釉上彩绘来实现。除此之外，还有一类重要的器皿，包括陶器和瓷器，直接在素胎上施颜色釉或者彩绘，绘画图案由雕刻的、凸起的黏土线或者黑色或褐色颜料勾勒而成。第三种情况比较少见。这种五彩装饰的特点是图案硕大、色彩大胆，使用大量华丽的松石蓝、茄皮紫、深紫、深绿和深黄釉。任何时期的陶瓷器物都没有比这种华丽的明代五彩瓷更明艳动人的了。

明代青花瓷和釉上彩绘瓷的绘画图案十分丰富，其中大部分进入了清朝的纹样书籍中。但是我们发现，最早使用这些绘画图案的器物使用了一些特殊的工艺，后面将会一一介绍。与此同时，这些绘画风格洒脱肆意，令人耳目一新，使明代彩绘瓷不同于后来的彩绘瓷。

明代的器物造型特色鲜明。敞口罐、高肩瓶、高脚杯、造型细长的花觚、香炉、窄沿盘等各具特色，即使是数量众多的碗，造型也各具特点。明代器物造型的特点是简单质朴、粗犷豪迈，这种艺术至今依然焕发活力与生机。

然而，这些只不过是笼统的概述，挑剔的读者将根据自己的经验或本书中提供的插图进行检验。目前已没有必要在导论中进一步阐述"什么是明代陶瓷"，因为全书都在回答这个问题。然而，我们应该说说它的另一方面。

关于明代陶瓷的误解是如此之多，"明代"这个词又如此频繁地被滥用，因此，应该适当批判那些不属于明代但却经常伪装成属于明代的东西。我们指的不是迷人的日本仿制品，也不是后朝完全模仿明代风格的作品。例如，洛夫收藏的一件与万历时期的器型相近的花瓶①，细长古拙，上面用青花绘龙纹，青花呈色深蓝，具有晚明时期的风格。颈部有一对明代风格的环柄，尽管制作不尽如人意。要不是它的颈部刻有"康熙三十八年"的铭文，它足以迷惑任何人。人们可能总会被这类东西迷惑，倒也情有可原。无论如何，人们是在正确的道路上争论。我们所指的器物，是那些仅仅因为类型不为人熟知就被认定是明代的器物，或者更糟糕的是，为了增加某种吸引力，而把它划为明代的器物。

明代不是那些"无家可归"的器物的归属之地，不是每一件没有落款的作品都可以在其中找到庇护；明代也不是一个忏悔之地，任何曾经被错认为是宋元时期的器物一经发现，都不应该被随意划入明代。的确，我们对中国的数百个小规模的陶瓷工厂所制造的

---

① 在卢浮宫格兰迪迪耶的收藏中，可以看到另一个同样形状的花瓶，上面有五彩的装饰，但没有铭文说明来历。——原注

陶瓷知之甚少。即使一件器物在我们有限的认知内是陌生的，它也未必就是明代的。比如，大量为出口到东印度群岛和更远的地方而制作的器皿，施灰色、淡黄色、绿色或黄色釉，上面通常布满细密的裂纹。这些器物的生产和贸易延续了好几代，并且到今天还在生产。在无知的人眼中，这些东西几乎总是被称为明代器物——更胆大的称之为宋代器物。然而，今天云南的商人就能买到刚出窑的带有这种典型的淡黄色裂纹釉的碗和香炉。

还有，釉陶的建筑装饰以及彩色浮雕瑞兽瓦片都被不加区别地划归明代。然而，今天中国的房屋和寺庙都是用类似的瓦片和顶饰来装饰的，其中一些还不到二百八十年。当然，这一特殊类型中很可能有许多真的属于明代，就像英国的许多房屋是都铎王朝时期建造的一样。但是，人们习惯把所有的瓦陶都贴上"明代"的标签，确实是一件"了不起"的事情。

同样，在有关中国艺术品的信息匮乏的时候，过去的艺术品经销商给一大批陶瓷牢牢地贴上"明代"的标签，其中百分之九十属于康熙或更晚的时期。这类瓷器先用黑色颜料勾勒出图案的轮廓，再在素胎上施绿色、黄色和茄皮紫等彩料，或者不勾勒纹饰而直接用毛笔施类似的彩釉。这种类型的瓷器备受青睐且价格昂贵，被收藏家们竞相追逐。与许多其他装饰风格一样，这两种都起源于明代。在为数不多的几件有落款的样本中，我们得知有一件实际上是 1692 年制作的。另外，在一些古老的收藏中，比如成立于 1700 年左右的德累斯顿国家艺术收藏馆，也有许多样本。

当然，要根除一个既得利益盘根错节的错误是非常困难的。这种瓷器以明瓷的名义被买卖和收藏。如今的拍卖商在出售它们时谨慎地给它们起了另外一个名字，以免一些刻板的藏家指责他们"粗心"。更糟糕的是，在价格高昂的大开本图书中，它们也被称为明代器物。少见的墨地，施绿、黄釉的瓷器也是如此。有人甚至见过当这些器物釉上彩出现粉彩的玫瑰粉色和不透明的蓝色时，它们仍被人们自信地描述为明代器物。"洛斯托夫特"神话经过多年重复才被遏止，尽管还没有被最终消灭。毫不夸张地说，要摆脱这种"明代"的谬论仍需要启蒙一代人。

另一个流传甚广的谬误认为杂釉色的广东炻器属于明代，甚至是宋代。这些瓷器上绘有狮子、山楂树旁石头上的鸟儿等，露胎处呈铁红色，表面施厚重斑驳的灰蓝色、火焰红或青绿色的广东釉。它们几乎无一例外地被贴上了明代的标签，然而无一例外都是 19 世纪制造的。

不久以前，所有的釉陶人物都被理所当然地称为明代。在九龙花几分钱就能买到的那些浅棕色粗炻器，表面施光滑的蓝绿釉，点缀有黄斑的松石蓝色小香狮，到了伦敦也摇身一变成了明代的。他们将同样的釉料施于与香狮胎体相同的陶姜罐表面。把生姜取出来，再把罐子放在架子上，转眼间它们就变成了明代的。这毫不夸张。有人一次又一次地看到这些罐子伪装成明代器物。

因此，为了保护初学者的利益，需要在此提醒大家，但绝不要把它笼统地看作是对古董商的抨击，因为还有形形色色的经销商。那些不厌其烦地对待自己研究对象的经销商是这一行内寻求真相的人的好朋友。但也有人将一切中国风格的东西都冒充成明代的，部分是出于无知，但主要还是因为"明代"这个名称很容易让人产生联想。实用哲学告诉他们，目前有许多样本值得怀疑，他们大可从怀疑中获利，而且他们对这个东西了解得越少，值得怀疑的地方就越多，越能从中获利。这些"聪明"的人是令人讨厌的，无论在什么场合，都应该揭发他们，即使只是为了这一行内有良知的人纠正他们散布的谣言时所浪费的宝贵时间。

现在，让我们回到有关明代陶瓷这一主题的积极正面的一面，引用晚明时期一位生活在远东的作者写的一段描述来结束这篇导论①：

"现在让我们来讨论一下通常被称为瓷器的陶或柔韧的物质，它是纯白色的，被认为是世界上最好的一种材料，能制作成各式各样造型奇特的器皿。我认为它是世界上最好的陶器，因为它有三种特性：纯净、美丽和坚硬无比。这种物质的原料并不是在全中国范围内开采的，而只是在十五个省之一的江西，那里不断地雇用大量工匠来做同样的事情，不仅制作小件器皿，如碟、盘、罐、壶，等等，而且还制作精巧厚重的大型器皿。由于运输的风险和困难，这些器皿不会被运出中国，只能在国内使用，尤其是在宫廷中。各式各样的图案大大增加了这种物质的美丽，图案上涂不同的色彩，还加上了金子，这使得前面所说的器皿看起来异常迷人。令人诧异的是，葡萄牙人视若珍宝，他们费了一番功夫，把它运输到了日本和印度，而且还运输到欧洲各国。"

---

① 人人文库出版社（Everyman's Library）出版的《航海全书》（*Hakluyt's Voyages*）第 4 卷，第 215 页。"一份关于中国及其疆域、政区、政府机构的详细介绍（1590 年在澳门以拉丁文出版）。"——原注

第二章　明代制瓷工艺

　　回顾明代陶工的制瓷传统将有助于我们对明代的制瓷工艺形成正确的认知。另外，长期以来，我们对明代陶瓷的了解几乎完全建立在笨重的外销瓷上，因此我们更需要这种帮助。由于认知的局限性，我们在阅读 16 世纪项元汴关于精美的明代陶瓷的描写①时，不加掩饰地怀疑其真实性，也使我们在中国收藏家反复确认的情况下，依然怀疑弗兰克斯收藏中如此精致的永乐脱胎碗是明初制造的。

　　了解中国陶瓷艺术的早期阶段将对我们大有裨益。近年来，我们了解到汉代（公元前 206 年—公元 220 年）陶工已经掌握了大致的制瓷工序，在拉坯车上制作圆形器皿，其他形状的器皿通过模具成型，使用绿釉或褐釉，用化妆土或液体黏土着色，再用刻花、贴塑或者模印等装饰技法。我们还得知，汉代陶工已经摸索出一种制瓷方法。

　　唐代（公元 618 年—公元 906 年）制瓷技术日臻成熟。只要有必要的材料，就能用合适的工具制作出软陶、炻器和瓷器。软陶釉有绿釉、黄釉、紫釉、蓝釉等，既可用作单色釉，也可用于填充勾勒的图案。高温釉也开始使用，包括青绿釉、黑褐釉、巧克力棕釉以及可能是意外烧出的火焰红釉。当时能用毛笔沾上颜料或有色黏土进行彩绘是一个不争的事实。9 世纪底格里斯河流域的萨麻拉遗址的发现确凿地证明唐代已经制造并出口精美的白瓷，宋、明时期已制造典型的青瓷。

　　宋代是高温釉的主要发展时期，有奶油白釉，青釉系中的灰青釉、灰绿釉，以及钧州的钧红釉，但彩绘装饰未受到重视。然而，磁州窑却大量使用绘画装饰，主要是通过利用有色黏土的泥浆。我们得知，在一种不同寻常的炻器上利用可玻化釉进行彩绘的方法可能来源于同类窑厂。拉斐尔（O. C. Raphael）收藏的一只灰炻器碗②就是一个代表性样本，先在胎体上罩一层化妆土，再施一层透明釉，用黄、绿和铁红彩大胆地绘制美丽的折枝花卉图案。*Kokka*③ 杂志上有一幅插图落款为 1201 年，属于这类瓷器的样本。这说明我们必须考虑在明朝以前的一个半世纪，就已经开始使用彩绘装饰。青花装饰可能也是如此，尽管我们没有足够的运气获得如此确凿的证据。然而，这一说法在文献中得到印

---

　　① 16 世纪项元汴所著《历代明瓷图谱》彩图加图解版，1908 年由 S. W. 卜士礼翻译并注释，牛津大学出版社出版。——原注

　　② 见 A. L. 赫瑟林顿所著《中国早期陶瓷器物》（*The Early Ceramic Wares of China*），图 37。——原注

　　③ 1921 年 11 月。——原注

证。《景德镇陶录》中提及永和镇①的裂纹釉器皿时记载,"亦有碎纹素地加青花者"。的确,有许多粗瓷样本(可能是后来的地方瓷)符合这一描述,其中不乏著名的宋代青花瓷。但事实上,这些器物与相对较晚的韩国陶瓷惊人的相似。不过,柏林艺术博物馆的一只碗可能是真的宋代青花瓷。对此,我们不应该怀疑。《景德镇陶录》中提到的另一个生产青花瓷的宋代窑场在江西省南丰县,它生产的瓷器"土埴细,质稍厚,器多青花"。此外,《宋书》②记载青花料是从钴矿中提取的。我们现在可以肯定的是,在宋代的几个规模较小的作坊里,在不受关注的器皿中,青花以及彩绘装饰已经开始使用。到了明代,流行趋势发生了改变,明代统治者颁布法令,规定宋代的高温单色釉不再占据统治地位,应该让位于五彩瓷和青花瓷。

这也是陶瓷生产集中在景德镇的必然结果,也许也是原因之一,因为景德镇有最适合生产这两种装饰的原料。景德镇(邮政式拼音为 Kingtehchen)是一座位于昌江左岸、没有围墙的小镇,昌江可通至江西北部的鄱阳湖,鄱阳湖与长江相连。11世纪初,宋朝皇帝下令景德镇须定期向朝廷输送瓷器,落款年号"景德"。自此,"昌南镇"的旧名被废弃,而衙门所在地是隶属饶州府的浮梁县,这就是一些中国文人把景德镇的瓷器称为"饶瓷"和"浮梁瓷"的原因。

自汉代起,景德镇就开始冶陶,早在公元621年,有"瓷玉"和"假玉器"之称的瓷器就作为贡品献给皇帝。9世纪出口到萨麻拉③的瓷器可能就来自景德镇。正如我们所见,11世纪,景德镇收到来自朝廷的官方订单。在元泰定年间(公元1324年—公元1328年),督陶官的职责之一是视察景德镇的官方窑厂,以确保在接到订单时能够供应器皿,在没有朝廷订单时关闭工厂。

《江西省大志》中记载了16世纪初的胎、釉的原料来源。陶土产自浮梁新正都的麻仓山。其中有四个地方被称为"最佳原料产地",名字很特别,如"千户坑""龙坑"等。湖田产优质的瓷石。新正都产制作釉料的优质釉石,最上等的来自长岭和义坑。青釉和黄釉的原料来自长岭,上等白釉的原料来自义坑,而这些地方都在景德镇附近。

《陶说》中有更详细的记载。我们从这本权威专著中了解到:16世纪麻仓地区的矿坑逐渐减少,在万历年间告竭;直到在同一地区的吴门托发现了优质瓷土后,这种情况才有所缓解。但显然,运输成本增加使这一来源难以维系,而且民窑也不太可能从中获利。毫无疑问,因为上述原因,万历时期制瓷原料的质量明显下降。

当然,任何时期都有制作精良和制作粗糙的器皿,在制作较大型和较重的花瓶和大缸时自然会使用更坚固、更粗糙的原料。因此,大龙缸是利用余干土、婺源土与湖田石末

---

① 今江西吉安。——译者注
② 见 R. L. 霍布森所著 *The Wares of the Ming Dynasty*,第 55 页。——原注
③ 见 R. L. 霍布森所著 *The Wares of the Ming Dynasty*,第 13 页。——原注

混合而成的特殊材料制作而成的。余干、婺源也大量出产瓷石,瓷石也会混杂在制作瓷胎的瓷土中。

明代瓷器,尤其是早期的瓷器,胎质细腻洁白,如圈足所见,素胎摸起来很光滑,表面富有光泽。有时,黏土中含少量铁,导致白色胎体在露胎处呈现出铁锈红或褐色。大花瓶和罐子底部未施釉处烧成后通常呈褐色。即便如此,通过触摸,人们发现瓷胎通常很光滑。

除长岭、义坑的釉料外,还从桃树坞获得了一种适用于普通白瓷和青花瓷的釉料。釉料通常掺杂不同量的石灰与草木灰来将其软化。

显然,釉层肥厚是早期陶器的一个有价值的特征。我们得知①,洪武时期,如果官窑瓷的釉面有一点儿微小的瑕疵,陶工就会把它放在陶轮上重新磨平,然后重新上釉烧制。因此,这些早期釉料质地坚硬,被比作"凝脂"。如项元汴②所说,釉层肥厚是宣德瓷器的魅力所在,如果遇见白如积雪的釉面形成橘皮状或粟米状的微小隆起,他就会特别高兴。当然,这些凸起意味着相应的凹陷甚至孔洞,而这些显然就是中国文人所描述的"棕眼"。

陶瓷釉面出现瑕疵和细孔的情况是比较常见的,即便是明代优质陶瓷也不例外。但是釉面上有明显堆脂效果的器物并不容易找到。然而,大英博物馆收藏的一件甜白釉碗的堆脂效果非常明显。这是一只具有明早期风格的碗,从圈足边缘可见洁白的胎体,圈足粘沙,制作粗糙;釉面肥厚不均,堆如凝脂,缩釉处有橘皮一般的凹陷。这件纯白色瓷器内部开光,口沿刻阿拉伯铭文,造型别致。这表明这件瓷器曾经可能被运输到波斯或近东地区,并且保存完好。尽管没有任何能够表明年代的特征,但有人认为这是一件明早期的作品,可能制作于 15 世纪初,因为当时白瓷风行一时,釉层肥厚是其一大特点。

明早期釉面肥厚不均的特点深受中国陶瓷鉴赏家的称赞。乾隆时期的陶工故意复制橘皮釉的这个特点,晚期陶瓷的收藏家们对此亦十分熟悉。后朝仿制的橘皮釉效果更明显,也更千篇一律,使明早期陶瓷釉面的特点不再特别。

中国内行人士描述明早期陶瓷釉面特殊性的其他表达,就没那么容易理解。"粟文隐起",即釉面出现隆起,比普通的橘皮凸起效果更明显。"波浪纹",即釉面有轻微的褶皱。大英博物馆的一部分正德青花瓷的局部就有这种褶皱。"鸡皮"也是描述釉面不均的专业术语,尽管我们无从得知它的具体表现是怎样的。我们发现一些带有明早期落款的优质瓷也有类似的特点,下文③用"鸡皮"来表示。由于表面有凹坑,这些瓷器看起来色泽饱满,如果把它们斜对着灯光,这些不计其数的凹坑就清晰可见。这种效果有不同的叫法,如"油光""丝绸般光亮",等等。因为需要特定的指称,所以这里用"鸡皮"

---

① 见 R. L. 霍布森所著 *The Wares of the Ming Dynasty*,第 42 页。——原注
② 见 R. L. 霍布森所著 *The Wares of the Ming Dynasty*,第 56 页。——原注
③ 见 R. L. 霍布森所著 *The Wares of the Ming Dynasty*,第 18 页。——原注

来代指,中国人倾向于用这个术语来代指类似的效果。隆庆、万历时期的青花瓷釉面虽与此前有相似之处,但质地更为粗糙。人们形容其质如薄纱,毫无疑问,这是由于烧制时产生气泡,导致釉面出现大量细小的棕眼。许多日本陶瓷也有这样的特点,特别是有田瓷器。应该记住,除了明代釉料一贯的特性,很多时候因年代久远以及保护得当,瓷器光泽更柔和,表面也更光滑,这些是现代模仿者无法人为实现的。

从精湛的制作水平可以得知,明代陶工对制瓷工艺已经掌握得非常熟练,但是明代的瓶和罐都有一个共同点,这个特点似乎说明在普通或大型器物的制作上,明代陶工并不屑于花费精力在细节上做到完美。束颈瓶、罐一般情况下分为两部分制作,然后接合在一起。康熙时期的陶工常常花大力气修平瓷器胎体的接痕,至少让表面看起来是光滑的。但是明代的陶工并不是这样处理的,明代瓷器的接痕非常醒目,触感也很明显。明代外销瓷的造型也不如康熙时期那般标准。实际上,烧制时出现凹陷以及随之引发的轻微变形的情况在明代也时有发生。

一位中国文人①坚称,所有明代瓷器都可以通过底足判断其时兴的烧制方法。这让我们意识到,我们可以从器底的完成情况看出明代陶瓷的其他特征。他建议通过底足来区分瓷器,如:永乐碗滑底沙足;宣德坛盏,凸底、薄圈足;嘉靖扁杯,底内凹（馒头心）,圈足②。我们有必要在观察不同时期的瓷器时注意到这些特点。我们发现,在碗、壶和其他有圈足的器物上,明代陶工不会花费力气来完善这一部分。康熙瓷器的底足通常有凹槽,以便放进木托。这种处理方式在明代瓷器的圈足上很少见,明瓷圈足通常未经修饰,这能够让藏家很好地观察胎质。圈足内一般或多或少均匀地施一层釉,足底偶尔粘沙,这是瓷器在烧制时窑里残余的沙子。器底釉下还有放射状线条,这表明修足的刀具表面比较粗糙。但是很多明代的瓷罐,特别是那些出口国外的笨重瓷器,底部平坦、未施釉。在窑炉里烧制时,素坯与火焰接触的部位通常会出现火石红,这表明泥料中含有铁。即便是较为优质的碟、碗,流釉在圈足外侧积聚,胎釉接合处也会逐渐呈褐色。

瓷器一般放置在叫“匣钵”的耐火盒中,御器厂有一个专门的部门制造这种容器。据《陶说》描述,烧制瓷器的窑炉并不大,烧制最大尺寸的龙缸时一次只能放一件。另一段文字称窑炉狭窄、细长,民窑将瓷器分为九行,粗瓷放在前后几排以阻挡火势,更精致的瓷器放在中间。因此,民窑能同时制造各种质量的瓷器;而官窑只烧制上等瓷器,一般会在前排放置空匣钵以保护瓷器。燃料通常使用木柴。烧制时间也不尽相同,一般需要三天,大龙缸则需要九天。

御器厂设有二十三个部门,其中四个负责装饰,还有一个负责写款。刻花、图案设计、填色、写字都由不同的部门负责。分工合作必然导致每个装饰者的个性最终被抹杀。

---

① 《留青日札》的作者。——原注
② 见 R. L. 霍布森所著 *The Wares of the Ming Dynasty*,第102页。——原注

事实上,这一时期的分工不如康熙时期那么精细,因为一件康熙瓷器需要七十二道工序才能完成。然而,显而易见的是,即使允许陶工在官窑瓷器的装饰图案上署名,也没有人可以将他的名字刻在上面。其实,《陶说》详细描述了明代陶瓷的生产流程,尽管没有具体说明哪个时期,但可以推测是在嘉靖朝。显然,这一流程主要有两个目的,即保证较高的绘画质量以及控制钴料的使用①。我们得知,御器厂首先会挑选出两名品行端正的画师,一位负责绘制大件瓷器,另一位负责绘制小件瓷器,他们所用彩绘颜料的用量也是经过精确计算的。如果他们的作品令人满意,那么这两件作品就会成为模范,其他画师也会尝试使用等量的颜料进行复刻。

这种制度的好坏绝大部分取决于能否选择好的模范。但是在督陶官的管理下也不乏优秀的陶工。宫廷画师也时常提供设计图,因此我们有理由相信明代拥有一流的制瓷工艺。结果并没让我们失望。明代陶瓷的造型设计风格大胆、充满活力,又极具装饰性,颜色浓艳和谐、相得益彰。

民窑虽然尽可能效仿御器厂,却很难肩负起如此精细的工艺,民窑图案纹饰的勾勒和填彩可能是同一个人。这就是为什么一些贸易瓷纹饰明显极具个性,令人耳目一新。

御器厂和民窑使用的纹饰图案来源于著名的绘画和织锦。这些图案在随后的章节中都有描述,《陶说》用了将近一页②的篇幅总结了嘉靖八年(公元 1529 年)朝廷提供给画师的图案。几乎所有的纹饰图案在嘉靖和万历瓷器的章节中都已提及,因此在这没有必要全文引用这段话。这是一份非常完整的清单,它向我们介绍了青花瓷和彩绘瓷的全部纹饰种类。在同一卷的其他地方③,我们得知,"五彩瓷,如制锦之法,故有青地、黄地、紫金地之名,画花亦如之。走龙、云凤、麒麟、狮子、鸳鸯、万金、盘龙对凤、孔雀、仙鹤、芝草、大窠狮子、双窠云雁、大姜芽、云鸾、宜男百花、穿花凤、聚八仙、滴珠龙、狮子盘球、水藻戏鱼,皆古锦名。陶人画染之作,约略相似"。

随后的章节中不断提及的御供瓷器也给我们提供了明代瓷器品种的信息。它们几乎包括适合制作成瓷器的所有产品,以及一些并不合适的产品。但试图在此列出完整的清单是不切实际的,如果只提及人们比较熟悉的几种,读者需要的话,还能接受。当然,我们可以从现存的样本或插图中去发现各式各样的造型,许多仿自中国艺术家喜爱的青铜器。一般来说,这些造型意味着使用了模具,但中国陶工真正的制瓷技艺在陶轮制作的圆形器物上体现得更淋漓尽致。在这些器型中大部分是各式各样的碗,从宋代的锥

---

① 我们得知正德朝回青存在偷盗现象,这一现象直到嘉靖朝才制止,办法是一种青料的称重制度。可以想象,文中描述的就是这种制度。——原注

② 见 S. W. 卜士礼翻译的《陶说》(*Description of Chinese Pottery and Porcelain*),第 72 和 73 页。——原注

③ 见 S. W. 卜士礼翻译的《陶说》(*Description of Chinese Pottery and Porcelain*),第 151 页。——原注

形、直边、窄圈足的碗，到圆形、杯式、口沿外翻的碗。有宽口、圆边、凹底、无圈足的浅碗。有双层碗，碗边有小孔，可以注入热水，保持食物的温度。还有宣德、成化时期备受推崇且造型优美的高足碗。最后，还有宽口、直壁、平底的大龙缸。

碟子通常是托盘状的。但也有侧壁较浅的盘子，直壁，口沿外翻，有时呈花口状。

最常见的花瓶造型可能有：鼓腹、细长颈、造型典雅的葫芦瓶；花瓶形状的盖罐；以及高肩、束颈、小口的石榴瓶；最后一种具有典型的明代风格，称为梅瓶，因为它适合展示盛开的梅花。明末的一本关于花瓶的书特别推崇梅瓶这种形制："口欲小而足欲厚，取其安稳而不泄气也。"另一个典型的明代花瓶式样是花觚，造型纤细，长颈、撇口、鼓腹，腹下部逐渐内敛，至底部又外撇，颈部常有一对造型奇特的圆环。造型优雅的梨式执壶，壶嘴和壶柄细长。可以看出，这种器型受到了异域元素的影响，在近东市场的需求很大。事实上，这种器皿本质上源于波斯，很可能是元朝时由蒙古人引进的，因为《格古要论》有一段相关的描述："古人用汤瓶、酒注，不用壶瓶及有嘴折盂、茶盅、台盘，此皆胡人所用者。中国人用者，始于元朝。"

在印度和波斯经常发现的另一种器型是一种圆腹瓶，颈细直，口小，流呈乳房状。这是经典器型，但有许多变化。腹部有时是大象或蛤蟆形状，壶流呈象首或者蛤蟆首造型。很明显，这件器物应该是用作酒壶，其普通的造型可以很容易地改造成一个水烟碗，这就解释了为什么这些瓶子经常被称为"水烟袋"。然而，这不太可能是它最初的用途，因为烟草直到万历年间才为中国人所知，其中一些瓶子的年代似乎早于嘉靖时期。而且也没有证据表明，嘉靖以前印度或波斯引进烟草产生了将这些物品作为水烟碗的需求。

出口产品中常见的其他花瓶形式有卵形罐、花瓣形状的瓜棱壶①，以及圆腹、颈部短而窄的小罐子。大多数明代花瓶的形状是正方形或多边形。据我们所知，万历时期的陶工特别擅长制造方形器皿。

文房器皿是一种特殊的瓷器，在任何时候都需要高超的技艺。这包括砚盒和水滴、蘸毛笔的水丞、清洗毛笔的笔洗、搁毛笔的圆形笔筒、用于防止研墨时墨汁四处飞溅的砚屏、传统山丘形式的笔搁、臂搁、朱砂印盒，以及其他类似的物品，通常小而精致，形状奇特。

当时，已制作出成套五件祭祀用品——一件香炉、两件花瓶和两件烛台，用于日常家庭供奉。我们还得知②，带有统一装饰的成套餐具属明代的新创式样。但是，18世纪欧洲人用来装饰壁炉架的成套花瓶还没有制造出来，它们是后来应欧洲的要求而产生的。

---

① 带有花瓣形盖子的瓜棱壶很少见，R. E. 贝莱特先生很幸运拥有一件，见插图70。——原注
② 见 R. L. 霍布森所著 *The Wares of the Ming Dynasty*，第107页。——原注

第三章　明代制瓷工艺（续）

　　古窑重青器,至明而秘色已绝,皆纯白,或画青花,或加五彩。如果不过分强调这段文字的准确性,我们大致可以把它看作是反映明代陶瓷品位变化的一段客观公正的描述。"秘色"是宋代及以前使用的一种釉色的名称,是从青绿到灰绿的青瓷釉色中的一种。这种釉色在早期备受追捧,如今可能已不再生产,但不能认为明代没有使用青釉。我们知道,当时,无论是在浙江的处州①还是在景德镇,青釉都频繁地被使用。但景德镇陶瓷装饰大部分是白底上饰青花、釉上彩或颜色釉,在世界处于领先地位。

　　纯白色瓷器在明早期受到了高度重视。显而易见的是②,在制造更优质的白瓷时使用了一种经过精心挑选的釉料。的确,这一点从大英博物馆的一件带弘治款的精美白碟就可以看出来。它使用了两种釉料,施于内壁的白釉柔和滋润,油亮泛光,外壁施上文中提到的明初的鸡皮釉③,底部青花书弘治款。白瓷上唯一允许使用的装饰是在釉下坯体上进行印花、刻花、划花或用白色化妆土④绘画。一般来说,最后两种装饰极其细微和精致,只有将器物对着光或斜对着光时才能看清楚。中国人称它们为"暗花",或"秘密装饰"。这类器皿的成功使永乐朝与众不同。整个明代一直在持续生产优质的白瓷,我们见过无比精致的带弘治和万历款的样本。事实上,很有可能因为白色是在举行丧事期间使用的颜色,从而保证了这种瓷器的需求量。

　　明代瓷器上使用最广泛的装饰是青花。在中国,在绘画和施釉之前就对坯体进行初步烧制并不是一贯的做法,传统做法是将青花料施于未烧制的坯体表面,待其足够干燥后再上釉,胎、釉、青花一次烧成即可。

　　瓷器上的青花质量受到了高度重视。我们应该了解,明代有几朝以高品质的青花料而闻名。显然,它们是由一种进口矿料制成的,这种矿料有几个不同的名字:苏麻泥青、苏浡泥青和苏泥浡青。它来自伊斯兰世界,也可能来自波斯,正如另一个名字"回回青"(穆罕默德蓝)所示。在景德镇附近地区也发现了同样的原料,即含锰钴矿,但品质较差。国产青花料中有一种叫陂塘青,来自饶州乐平。但据我们所知,嘉靖年间此处矿场关闭,取而代之的是瑞州(今江西高安)出产的石子青。

---

① 在今浙江省丽水市。——译者注
② 见 R. L. 霍布森所著 *The Wares of the Ming Dynasty*,第 18 页。——原注
③ 见 R. L. 霍布森所著 *The Wares of the Ming Dynasty*,第 15 页。——原注
④ 泥浆是液体黏土。——原注

本地青花矿含杂质从而导致青花发色蓝中泛灰，深沉幽暗。我们必须记住，康熙时期的宝石蓝正是通过对这种含杂质的原料不断提炼而获得的。虽然提炼过程未推广至今，但这一过程在明代窑厂均得到了不同程度的应用，这是毋庸置疑的。因此，我们可以观察到各个时期的青花料品质的巨大变化，这将在随后的章节中指出。庐陵新建（今江西吉安）也供应一种钴矿，称黑赭石和无名子。

回青不能单独使用，因为它会晕散，必须与一定比例的本地矿料混合使用。品质最佳的青花料中，本地青料和回青的配比为 1∶10；中等质量的青花料，其配比为 1∶6。但如果加入过多的本地矿料，呈色就会变得灰暗。

我们偶然在别处注意到明代瓷器上至少有三种不同的青花绘画风格。第一种是在颜色较淡的青花料上点缀深色青花，给人一种斑驳的感觉。这似乎是宣德时期的一种方法，后来的正德、嘉靖等朝也沿用了这种技法。第二种是明早期的风格，仅用细笔精心勾勒纹饰的轮廓，不用青花料填涂。第三种是最常见的明代风格，图案轮廓分明，再用青花料填涂渲染。这与康熙时期的做法形成了鲜明的对比，康熙时期的图案轮廓非常不明显，青花填彩不是光滑平坦的，而是用深浅不一的青花表现不同的层次感。

除了青花，中国文人对明早期的釉里红赞赏有加。釉里红，又称鲜红、宝石红和霁红。毫无疑问，这几种颜色都来自金属铜。金属铜在烧制过程中难以掌控，在一些以釉里红闻名的朝代，很可能是由于添加了其他有助于红色发色的物质，而促成了其成功。传统上认为，将"来自西方的红色宝石"即红宝石或红玉髓捣成粉末并添加至釉里就是为了达到这一目的。当然，由此产生的红色与宝石的红色并无关联。另一种辅料是鲜红土，它有可能是一种含铁的黏土。《陶说》中提及它的来源不详，在嘉靖之前就已耗尽，因此陶工们不得不用一种从铁中提取的釉上红（矾红）来代替铜红①。然而，现存的接近釉里红的样本表明这一传统从 16 世纪上半叶得以延续。我们有理由相信在万历时期釉里红得到了一定程度的复苏。

明代彩瓷有各种名称，如三彩、五彩和杂彩，最后两种出现在嘉靖及后朝的御供瓷器中。三彩和五彩这两种说法都不能从字面上理解，因为后者实际上是中国人对多彩的一种说法。而三彩适用于用三色组合装饰的瓷器，如绿、黄和茄皮紫三色，或松石蓝、黄和茄皮紫三色，也可以加入另一种颜色如深紫色。五彩虽然是多彩的总称，但在后朝多指釉上彩。杂彩适用于任何组合色彩，没有特殊的应用范围。

明代最具特色的五彩装饰包括在刻花、雕刻和凸起的黏土线勾勒的图案内所施的颜色釉，包括接近黑色的深紫釉、松石蓝釉、黄釉、绿釉、褐紫或茄皮紫釉。还可以在这些五彩图案上罩一层透明釉，这种透明釉在近乎纯白的胎体上呈现出明亮干净的白色。如果

---

① 见 R. L. 霍布森所著 *The Wares of the Ming Dynasty*，第 103 页。——原注

不隔开,这些色釉会在边缘处重合,因此需要研究一种技术来避免这种情况的发生。有三种方法可以解决这个问题:第一种是通过用刀具在胎体上刻划出图案轮廓,来避免釉料重合;第二种是用凸起的黏土线将不同的色釉分隔开;第三种是通过镂雕的方法有效地隔开色釉。凸起的黏土线与掐丝珐琅①器物上的金属掐丝类似,它是明代最常见、最有特点的装饰。其他两种在明代以前就已经使用过。但这三种技法在明代都有使用,且有时会在同一件作品上组合使用。

这将有利于我们今后了解掐丝珐琅风格、素胎彩绘和雕刻这三种装饰技法。

这些器物上使用的釉料是碱铅硅酸盐。它们利用金属氧化物着色,如氧化铜呈松石蓝色和绿色,氧化铁呈黄色,锰呈茄皮紫色,用毛笔将釉料涂抹在胎上,并在窑炉的中温带进行烧制。它们就是法国人所说的"couleurs du demigrand feu",我们可以称它们为"中温釉",与之相反的是需要窑炉全部热量的高温釉"du grand feu",如长石白、青瓷绿和钴蓝。因此,工匠必须先在高温下烧制坯体,使其玻化,然后再在中温下烧制彩釉。

众所周知,掐丝珐琅风格的装饰常常与雕刻相结合,主要用于花园坐墩、带盖酒罐、高肩小口梅瓶、花盆、香炉以及花觚。它们质地坚固,一般很少使用精细的瓷土。有时使用的原料不够细腻导致器底未施釉的部分烧成后呈铁锈红,但由于胎体厚重耐用,因此大量器物能够幸存下来,这对现代收藏家来说是一件值得庆幸的事。这些花瓶的内部通常施绿釉,底部偶尔也如此。若是小件器物,则施黄釉。传统纹饰有寿老(长寿之神)、完整或部分八仙人物、八仙过海、饮中八仙、王质观棋的故事、龙纹、山石、孔雀、四季花卉等。这些图案上方绘一周大朵花卉和卷草纹、璎珞纹,或如意云头纹内绘花卉和杂宝纹,下方绘一周莲瓣纹。颈部通常绘一周卷云纹。这些图案用彩料绘制而成,格外醒目,大量用作背景的颜色通常是深紫色,偶尔接近黑色,或者是美丽的松石蓝,以及少见的草绿或茄皮紫色。在明代,松石蓝作为背景色,深受人们的喜爱。它与明早期瓷器上坚硬的长石釉不同,与清朝柔和滋润的裂纹釉也不相同,裂纹釉的使用一直延续至清代。松石蓝釉的各个种类都受到法国收藏家的追捧。1922年春天,在切尔努斯基展览会上,我们欣赏到了它不同品质的釉色。

这些花瓶有些是陶器,有些是炻器,给它们准确断代并非易事。《博物要览》②所描写的宣德时期的花园坐墩无疑属于这一类。安东尼·德·罗斯柴尔德少校的收藏中有一件诱人的花瓶③,颈部铭文刻"大明王朝",但未落具体年款。而在另一件与之类似的

① 掐丝珐琅,一般是在金、铜胎上以金扁丝或铜扁丝掐出图案,填上各种颜色的珐琅(主要以蓝色为主)之后经焙烧、研磨、镀金等多道工序制作而成的。因其在明朝景泰年间盛行,故又名"景泰蓝"。——译者注

② 见 R. L. 霍布森所著 The Wares of the Ming Dynasty,第66页。——原注

③ 见《1910年伯灵顿美术俱乐部中国早期陶瓷展览图录》E41,R. L. 霍布森所著《中国陶瓷》第2卷(Chinese Pottery and Porcelain, Vol. 2),图版65图1。——原注

样本（插图47）上，我们发现了具体年款"嘉靖"。

接下来的问题是如何根据器物风格来鉴定所属的具体时期，关于这一点，无疑会有很大的分歧和争论。有一类花瓶，绝大部分高肩，由于凸起的黏土线的位置很低，容易被釉汁覆盖，装饰显得很粗糙。这些可能是明早期的样本，而那些轮廓分明和施釉技术较好的花瓶则是明晚期的。这一类型的器物没有一处具有明代以后的特征。我们偶然在市场上看到了极其糟糕的现代仿制品，因为这类仿品无法与本章讨论的任何朝代简洁随意的特征相吻合。其夸张的金属掐丝极其锋利，不易于捧在手里。

插图1是一件典型的具有掐丝珐琅风格的明代广口罐，圆腹，比例协调。可以清楚地看到，除了鸟儿是用浅浮雕技法完成的，局部以细针刻划细节，其余所有图案轮廓都是利用凸起的黏土线来勾勒的。纹饰以传统图案为主，主装饰带绘山石、牡丹和孔雀，后两种即是嘉靖御供瓷器①中的"孔雀和牡丹"纹样。辅助纹饰包括瓶肩绘一周叶瓣纹，内绘折枝莲花，间以串珠纹。底部上方绘一周莲瓣纹，颈部饰一圈卷云纹。背景色为绿色，纹饰图案填茄皮紫、黄色和灰白釉。

插图 1

掐丝珐琅风格绿地彩釉罐，绘山石、孔雀、牡丹，高11.5英寸

乔治·尤摩弗帕勒斯藏

明代陶瓷收藏中有许多类似的罐子，只是形式上略有变化。有的高肩、束腰，有的带圆顶盖，尽管这些盖子通常不是原配的，有时用木盖代替。

---

① 见 R. L. 霍布森所著 *The Wares of the Ming Dynasty*，第120页。——原注

插图 2 是安东尼·德·罗斯柴尔德收藏的一件造型雄伟的罐子。这件作品尺寸不同寻常，以深蓝色为地，用浅绿色、黄色和松石绿釉等填彩，透过瓷胎能发现许多细节。器内壁施绿釉。瓶身一周饰道教人物——八仙、和合二仙、西王母和她的侍女，以及围绕着棋盘而坐的福、禄、寿三星。

插图 2

掐丝珐琅风格彩釉罐，深蓝地，绘道教题材纹饰：福、禄、寿三星下棋，八仙、

和合二仙以及西王母和侍女，高 15 英寸

安东尼·德·罗斯柴尔德藏

插图 3 呈现的是另一种样式的花瓶，但具有明代特有的高肩和小口特征，纹饰新颖。达官贵人骑在马背上，后面跟着举旗手，这可能是代表一些历史场景的主题。此外，还绘有祥云、山石和植物等风景，以及其他辅助纹饰，如插图 1 所示。背景色是松石蓝。图案轮廓分明，用黄、绿和紫釉填彩。

卷首图是经典的梅瓶，鼓腹，高肩，小口。可以看到不同色彩和纹饰，并能欣赏到高品质的三彩中的深紫釉。可爱的莲纹一直是明代装饰者的最爱，莲纹对于这些花瓶的意义就如梅花对于康熙酒杯。下面的传统波浪纹象征植物生长所需的水，瓶肩绘一周璎珞纹。

插图 3

掐丝珐琅风格松石蓝地彩釉梅瓶,外绘风景与骑士和举旗手,高 17.5 英寸

恩斯特·格兰迪迪耶收藏(卢浮宫)

插图 4 的葫芦瓶是此类型中另一件制作精良的代表性器物,以深紫色为地,纹饰以深黄、松石蓝和茄皮紫釉填涂。器底未施釉,可以看出胎体质地精良。上半部分绘四个小人儿,似乎代表"古代四艺"——琴、棋、书、画。下半部分绘有四个穿着官服的人物,其中两个在骑马。两幅图案都有山水场景,其中有亭台、棕榈树和长寿的象征物——巨大的灵芝。

插图 5 的香炉是仿青铜器制作的,器身为四边形,耳高,下方分别堆贴铺首。质地坚硬,胎体细腻,以深紫色为地。白色图案轮廓轻微凸起。部分施深蓝色釉。器身四壁绘锦文。颈部绘万字纹和钱纹。两端绘卷云纹。双侧耳柄施松石蓝。口沿内侧施黄绿彩。

插图 4

掐丝珐琅风格深紫地彩釉葫芦瓶,颈部四个符号分别代表"古代四艺",

瓶身绘人物、山水和花草,高 15.5 英寸

安东尼·德·罗斯柴尔德藏

插图 5

仿青铜器深紫地彩釉香炉,双柄下贴塑狮耳,侧面开光,颈部中间绘钱文

和万字符,两端绘卷云纹,长 8.75 英寸

埃文·查特里斯藏

插图 6 展示了弗兰克斯收藏的另一件镂雕梅瓶。外壁绘云雾、亭台、山石和松树，还有一位圣人和侍从。瓶肩雕刻一圈折枝牡丹纹，以松石蓝为地。辅助釉色包括深紫色、大面积透明的紫褐色、少量黄色和灰色；其中一些是素胎装饰。口沿内施黄釉，底足略施绿釉，露胎处可见细腻的质地。

这些镂孔花瓶和许多其他类似装饰的花瓶，通常配有能够贮酒的内层。H. J. 耶茨的收藏中有一件精致的样本①。

插图 6

孔雀绿地雕镂高士梅瓶，施蓝、紫、黄、白彩，肩部绘一周牡丹花卉纹，15 世纪作品，高 13.5 英寸
弗兰克斯收藏（大英博物馆）

素胎彩绘并不始于明代，事实上最早可以追溯至唐代②，明代以后的陶瓷器物上也有。拉斐尔先生③的一件可能是洪武时期的花瓶上有这种装饰，筒形花园坐墩和其他类型未知的器物上也有这种装饰，这种装饰与掐丝珐琅风格装饰组合使用。正德、嘉靖、万历时期有相当数量的特征鲜明的此类代表性样本，这些将在后文的各个朝代分别讨论。按字面意义理解，它们可以说是"三彩"瓷，有绿、黄、紫或透明的白色。在这种情况下，它

---

① 见埃德加·戈尔和 J. F. 布莱克所著《中国瓷器与玉石》（*Chinese Porcelain and Hardstones*），图版 195。——原注
② 见 R. L. 霍布森所著 *The Wares of the Ming Dynasty*，第 13 页。——原注
③ 见 R. L. 霍布森所著 *The Wares of the Ming Dynasty*，第 44 页。——原注

们使用的釉料也是硅酸铅,用上面提到的金属氧化物着色①,并在瓷窑温度较低的地方烧制。但它们比镂雕和掐丝珐琅风格装饰所使用的质地坚硬的釉更透明、更光亮柔和,我们建议将它们称为"软硅酸铅釉"以加以区分。

明代单色釉并不常见,主要包括上述釉色中单独使用的釉色。因此,中温烧制的绿、黄、紫、深紫和松石蓝釉都是单色釉。一些釉上彩,如翠绿,罩于碗的外壁②,或在有裂纹的灰釉上用毛笔渲染以制作所谓的"苹果绿"③。矾红④取代了釉里红,成为背景色。

高温烧成的单色釉为纯白色长石釉。青釉是宋代遗留下来的,通过将钴与白釉混合而获得各种深浅不一的青色。还有宣德时期享有盛誉的铜红釉。如果产生火焰或溅釉,可能是磷酸盐在红釉中偶然占主导地位导致的。景德镇后来发展了遛火和紧火技术。

"五彩"一词最常用于釉上彩绘制的图案组合的装饰。用深红色或黑色的颜料勾勒纹饰轮廓,再填彩,只是对刚才描述的彩绘技术的发展。不同之处在于轮廓线条用铅笔绘画而不是刻划,颜料属于低温彩料而不是中温釉。然而,这种技术更灵活,更适合渲染图案。宋代⑤已经用彩釉在陶器上作画,但人们对这种技术的认知和实践程度有限,因此在明代使用彩釉并不罕见,即使是在宣德时期也不奇怪。宣德五彩"深厚堆垛",与公认的成化时期近乎完美的釉上彩相比显得厚重、朴拙。明代瓷器上使用的彩料是深浅不一的绿色、紫褐色、或紫色、暗黄色、松石蓝(清代⑥被蓝紫色釉代替),以及干燥的黑彩上施绿彩形成的复合黑色、色彩鲜艳的番茄红色。它们是由含有金属氧化物的软铅玻璃制成的,烧成后,铜产生绿色和青绿色,锰产生紫红色,锑产生黄色,铁产生红色,而红色的玻璃助熔剂的含量非常少。干燥的黑彩是锰的衍生物,使用时不需要任何玻璃助熔剂。在窑炉中可以获得足够的热量来使这些瓷釉玻化。

这些彩料是半透明的,可以施于普通的釉面,也可以直接涂在素胎上。在第一种情况下,它们在釉料光泽的衬托下显得格外光艳透亮;而在第二种情况下,素胎的亚光表面使它们的外观更柔软。在素坯上施彩时,通常用彩料覆盖整个表面,除了人物局部和圆形器皿局部,其他地方不露胎。第一种方法中白色釉面可以有效地平衡彩绘纹饰。

在素胎上直接施彩的装饰技法在清朝的康熙年间大量使用,而这一时期制作的许多器皿都被误认为是明朝的,这并不合理。事实上,真正带有明代年款的样本是极其罕见

---

① 见 R. L. 霍布森所著 *The Wares of the Ming Dynasty*,第 30 页和 145 页。——原注

② 见 R. L. 霍布森所著 *The Wares of the Ming Dynasty*,第 105 页。——原注

③ 我们已发现明代"苹果绿"样本,但数量稀少[见 R. L. 霍布森所著《中国陶瓷》第 2 卷(*Chinese Pottery and Porcelain*, *Vol.* 2),图版 85],大部分属于清代。——原注

④ 见 R. L. 霍布森所著 *The Wares of the Ming Dynasty*,第 105 页。——原注

⑤ 见 R. L. 霍布森所著 *The Wares of the Ming Dynasty*,第 14 页。——原注

⑥ 尤摩弗帕勒斯收藏中有一件明晚期的瓷盒,上面施罕见的釉上蓝彩。人们认为釉上施蓝彩在明朝还处于试验阶段。康熙时期的蓝彩美妙动人,这是当时五彩瓷的重要特征。——原注

的。我们在仔细检查有素胎彩绘装饰的明代作品时经常会发现，虽然纹饰完全覆盖在涩胎表面，但这其实是釉上彩绘。

举一个具体的例子。有一种著名的纹饰——海水梅花和杂宝纹，有时飞马或怪兽在海水之上奔腾。纹饰轮廓用黑线勾勒，海水施绿釉，其他纹饰施黄色釉和紫红色釉。有些以紫红色为地，以绿色釉和黄色釉彩绘装饰。"曲水梅花纹"在明晚期官窑御供瓷器清单①中被明确提及。但从有这种纹饰的著名明瓷样本中，如广口卵形罐（见插图 7），我们发现它其实是釉上彩绘瓷。而康熙风格的杯、碟、碗等，彩绘装饰更多的是直接施于素胎②。

插图 7

明万历紫地彩釉海水梅花盖罐，高 15.5 英寸

奥古斯都·弗兰克斯藏（大英博物馆）

接下来的章节从各个方面讨论釉上彩绘。釉上彩绘的纹饰与青花瓷纹饰大致相同，虽然在某些类型中只有釉上彩绘装饰，但大多数明代彩绘将二者结合。这在明晚期很流行，通常被称为"万历五彩"。

描金工艺从明朝早期就开始使用了。这是生产过程中的最后一道工序，需要在低温下单独烧制。因此，第 69 页所描述的其中一只红釉碗首先将坯体和釉料在高温下煅烧，

---

① 见 R. L. 霍布森所著 *The Wares of the Ming Dynasty*，第 125 页。——原注

② 见 R. L. 霍布森所著 *The Wares of the Ming Dynasty*，第 148 页。——原注

待青花烧成后在外壁施红彩,这些彩料必须在窑炉中烧制。最后,在红色的器表绘描金花卉,再进窑炉烧制。在一些样本中,这些红釉碗上的镀金采用"贴金"①技法,而在其他样本中,它显然是用毛笔绘制的。

---

① 贴金是嘉靖官窑的一种装饰技法,字面意思是贴上去的金子,专指描金工艺(见 R. L. 霍布森所著 *The Wares of the Ming Dynasty*,第 227 页)。——原注

第四章　洪武与永乐（公元 1368—公元 1424 年）

洪武（公元 1368—公元 1398 年）

元朝时，每当皇帝颁布法令要求供应瓷器，景德镇御窑厂就会开放。如果没有法令要求供应瓷器，景德镇御窑厂就关闭，而且似乎在 1368 年之前关闭了一段时间。

据《陶录》①记载，1369 年，珠山脚下建起了一座皇家工厂，以满足皇帝的需求，同时，在景德镇的各个地方，有不下二十座窑炉被朝廷明令占用。这似乎是景德镇生产活动的爆发期。这似乎是一种必然结果，因为宋代的陶瓷中心，如定州、汝州和钧州已经变得不那么重要。半透明的白色瓷器在当时很受欢迎，所以制瓷业越来越集中在制作工艺最好、交通最便利的景德镇。此外，南京当时是中国的首都，而由景德镇去往南京交通便利，有水路直通。

关于当时御器厂生产的瓷器，我们了解的信息不多。但我们得知，御器厂周围接受朝廷订单的民窑正在制作大龙缸、青瓷（可能是青绿色或蓝色）和"彩色"（无疑是指彩色器皿）。其他的窑炉制作匣钵，也叫耐火盒，用来烧造更精致的瓷器，这意味着当时已生产精制器皿，并且在烧制过程中要十分小心。我们还得知，这一时期的宫廷用瓷属薄胎瓷，由细腻的油性黏土制成，泥料需放置整整一年的时间来干燥，然后在陶轮上旋转利坯，再上釉、烧制。如果釉料有缺陷，则再次将其放在陶轮上重新上釉、烧制。因此，洪武官窑瓷的釉面"莹润如脂"，民窑不可能达到如此卓越的制造水平。

《陶说》中关于当时御器厂和民窑的制瓷方法在本书另一处已说明②。关于瓷器的性质，仅在《格古要论》中有一段关于洪武瓷的简短描述："今饶此器好者色白而莹最高。又有青黑色戗金者③，多是酒壶、酒盏，甚可爱。"该书写于 1387 年。

这些描述对寻找洪武瓷样本的人不能说帮助巨大。因为白色、绿色、蓝色和黑色的器皿存在于许多时期，我们需要一些可靠的间接证据来证明某一件样本的确属于洪武时期。事实上，在欧洲几乎不可能有很多洪武瓷样本，尽管我们知道有人声称一些瓷器属

---

① 其他权威著作通过另一种方法确认这一时间是 1398 年，然而较早的时间可能更准确。——原注
② 见 R. L. 霍布森所著 *The Wares of the Ming Dynasty*，第 16 页。——原注
③ 戗金者（见 R. L. 霍布森所著 *The Wares of the Ming Dynasty*，第 227 页），这个短语的字面意思是"用金属切割或伤害"的意思，这一不同寻常的措辞可能应该理解成"用金属针雕刻"。另一方面，儒莲把这段译为"深蓝色镀金器皿"；S. W. 卜士礼将这一段译为"墨绿色瓷器，用金彩描绘图案"。这两种解读不尽相同，但无论如何，描金工艺似乎受到普遍青睐。——原注

于这一时期或至少具有洪武时期的风格。

例如，在 1897 年的《美术公报》①中，有一件极不寻常的瓷器，首先是因为它从法国国家图书馆的盖涅收藏传到私人手中后便再也难以寻觅踪迹。其次，虽然关于它的描述对金属配饰做了客观评价，但我们仍无法确定这件器物到底属于中国还是波斯。这是一件中国风格的酒瓶，加上了金属装饰后变成了执壶，壶柄、壶嘴、壶盖和壶底都镶银，且使用了彩绘装饰，比如匈牙利国王路易大帝（1326—1382）的盾形纹章。这件白瓷，从插图中可见，用黏土线勾勒出四瓣开光装饰，内有浅浮雕（也被称为模印和贴塑）开花植物。底部上方绘莲瓣纹。内刻如意云头纹。造型和装饰在感觉和工艺上完全是中国风格。尽管当时波斯陶工已经受到了中国的影响，但在 14 世纪的波斯陶器中很难找到像这件作品一样的器物。的确，从插图中判断，这无疑是一件进口到欧洲的中国白瓷，而且时间不晚于 1382 年，也就是洪武时期，但也许更早。

以西结先生在荷兰霍夫博物馆的收藏中有一套明代青花瓷碗（见插图 8），十分有趣，是由一位经验丰富的中国收藏家在中国收集而来的。其中有两只碗被认定是洪武时期的，但没有落款，我们只能认为这一推断是基于与一些真品的对比。它们外形古朴，釉面厚薄不均，纹饰包含卷草纹，青花呈色暗淡。也许我们应该认为这些瓷器是洪武时期的民窑制造的，但理由并不充分。人们总怀疑它们可能来自明末某个地方窑。这个观点是受到了托兰斯上校从四川带来的一只颇有意趣的碗的启发。它出土于明末的一处墓穴，也有类似的卷草纹，形制粗糙。但是也有另一种观点认为，这件四川地方瓷也有可能属于更早的时期，比如洪武。

插图 8

明洪武婴戏纹碗，直径 4.5 英寸

马格斯·以西结藏

---

① 系列三第 17 卷 55 页上 F. 马泽罗写的一篇文章。——原注

另一件是青花直边锥形碗,青花钴料明显是用海绵蘸到素胎上或直接喷在素胎上的,用细针在青花地刻龙纹,除去了青花颜料。几乎可以肯定,这是一件日本的仿制品。如果没有这种不寻常的装饰,它就不值一提了。这种装饰也许可以说明前文中的"戗金"①这个短语晦涩的字面意思。

1387 年出版的《格古要论》中有关于"古饶器",即饶州府景德镇瓷器的珍贵记载,表明元代就已使用五彩装饰②。因此,我们有充分的理由期待在后来的洪武时期会出现某种五彩装饰。最早的彩绘是先勾勒纹饰轮廓,然后用不同颜色的彩料填充,这是唐代陶工在陶器上使用的技术,也是明代陶工在瓷器上采用的技术。

奥斯卡·拉斐尔的收藏中有一件华丽非凡的五彩花瓶(插图 9)。胎体洁白,壁厚,底足厚实坚致,形制古朴(让人想起庄严的汉代酒罐),以松石蓝为地,饰几处刻花装饰带,刻花填黄褐彩和茄皮紫彩。事实上,这是三彩,即中温三彩瓷,中温釉适合在瓷窑中温度适中的地方烧制。口沿外下方绘一周蕉叶纹,肩部绘一周缠枝莲纹,底足上方绘传统纹样,瓶身一圈装饰带绘飞龙赶珠。

插图 9

彩釉花瓶,外部环刻蕉叶、缠枝莲、云凤纹三圈装饰带,底书"洪武年内用制器",高 22 英寸

奥斯卡·拉斐尔藏

---

① 见 R. L. 霍布森所著 *The Wares of the Ming Dynasty*,第 42 页。——原注
② 五色花者,指五彩装饰的瓷器。——原注

松石蓝地在三彩中自然占据主导地位。它是一种异常美丽的颜色,表面略斑驳不均,但完全不影响效果。它不是人们所熟悉的清代和明代器物上柔和、有细密裂纹的松石蓝釉。它外观坚硬,使人联想到长石釉,钧州窑址①出土的一只三足炉局部就施有这种斑驳的松石蓝釉,后来由周先生赠送给大英博物馆。这并不是说拉斐尔先生的花瓶是钧州生产的,但它和这件三足炉可能属于同一时期,肯定是在明早期,很可能是在洪武年间。不幸的是,这一年代无法得到实际验证。但它显然代表了这只花瓶上一任中国藏家的观点,他在底座下刻了"洪武年内用制器"②几个字,即"洪武时期用于室内（或宫殿）的器皿"。

永乐（公元 1403 年—公元 1424 年）

《陶录》对永乐官窑瓷器的描述并不是很有启发性。据其描述,永乐胎土细腻,似乎胎质厚重的器皿更受欢迎,同一时期制作的还有特别薄的纯白色瓷器,如脱胎瓷,其上进行彩绘、刻花、浮雕或者用鲜艳的红色（鲜红）颜料装饰。

《博物要览》③是有关明代瓷器经典的著述之一,在对永乐时期陶瓷生产的叙述中提供了更多的细节。它描述道,压手杯,或是适合握于手中的杯子,坦口折腰,砂足滑底,品质最佳者中心画有双狮滚球,球内篆书"大明永乐年制"六字款。而有的"永乐年制"四④字款的胎体细腻。其他的画鸳鸯心或花心。除此以外,还有深翠青花酒杯,价格颇高。书中也提到了明晚期的仿制品,但语气轻蔑,因为它们胎体厚重,形制粗糙,不值得一看。

一份雍正时期御窑厂仿古瓷清单中提到的永乐瓷,十分有趣,"永窑脱胎（蛋壳）、素白、锥（划花）、拱（浮雕）等器皿"。

众所周知,如今的永乐瓷器非常稀少。但即使如此,也有几件样本可以验证上述段落。最著名的是弗兰克斯在大英博物馆收藏的精美绝伦的白釉碗（插图 10）。这是一件蛋壳（脱胎）瓷样本,坯体在陶轮上被修整至极薄的程度,因此它看起来好像只有一层釉。它的形状也很精致:宽口,直壁,略弯曲,小圈足;边缘有六个小缺口,花口状;可以称它为压手杯,虽然它尺寸较大,难以握在手中。其外壁用白色化妆土在坯体上绘五爪双龙和火焰纹,肉眼几乎不可见,只在对着光照时是透明的。器底篆书永乐四字款。圈足未施釉,即所谓"砂足"。器底施釉,可能指《博物要览》中"滑"（光滑、平坦）字的

---

① 见 A. L. 赫瑟灵顿所著《中国早期陶瓷器物》（*The Early Ceramic Wares of China*）,图版 16。——原注

② 见 R. L. 霍布森所著 *The Wares of the Ming Dynasty*,第 227 页。——原注

③ 出版于明代天启年间（1621—1627）。——原注

④ 此处有两种解读:四和白。后者指底款用白色化妆土书写,这确实出现在一些著名的样本中。——原注

含义。

插图 10

明永乐暗刻双龙脱胎碗,底书永乐年款,直径 8.25 英寸

弗兰克斯藏(大英博物馆)

这只碗形制奇妙,式样精美,足以建立永乐时期的声誉。能够制作这类瓷器的陶工在操作技巧上可以挑战任何朝代的同行。

还有其他已知的相同或类似的样本。但要注意,正如我们所见,永乐脱胎瓷在明朝后期曾被仿制,如 18 世纪的雍正时期。另外,还要补充的是,日本最近制造了一批这种类型的仿制品,式样精巧。

大英博物馆还有另外两件白瓷作品,都是压手杯式的锥形碗,式样小,可以舒适地拿在手里。但这些制作粗糙,可能属于《博物要览》中所说的质量低劣的仿制品,但也可能是永乐时期某个民窑生产的普通器皿,即便如此也值得一提。这件器物为锥形,直边,花口,圈足小而浅且未施釉,器底施釉,内壁有一圈放射状图案,釉下用白色化妆土饰莲纹浮雕。这件瓷器的总体色调是白中泛灰,釉面有几处凹凸不平。

还有几件青花锥形小碗,圈足露胎。它们属于同一类型,外壁绘山水,内壁绘紧密的菱格纹,底书"永乐年制"四字款。人们毫不犹豫地认为其中大多数是后期仿制品。但以西结收藏①中有一件样本(插图 11)与其他样本不同。它是一种外观较软的砂胎器(类似于明晚期的滑石瓷或软质瓷),表面用青花描绘传统纹饰。大英博物馆也有一只圆形碗,也有类似的菱格纹,底书永乐款,外壁所题苏轼的一首长诗,几乎占据整个外壁。这件器物胎体粗糙,青花发色灰暗,虽然形制拙劣,但外观有明代的特征,也许是明晚期制作的。这几件藏品都没有用到回青,尽管《事物绀珠》中提到这种永乐时期使用过的颜色,叫作"苏麻泥青"。

① 见 R. L. 霍布森所著 *The Wares of the Ming Dynasty*,第 43 页。——原注

插图 11

永乐碗,外绘青花山水,里绘卷云纹,直径 4 英寸

马格斯·以西结藏

"鲜红瓷"的典故,让人联想到另一种罕见的永乐瓷。的确,这类瓷器上罩了一层高温熔融的釉上红彩,而不是像《博物要览》中"鲜红"①一词所指的那种釉下铜红。显然,它们具有典型的永乐风格,因为专门模仿这种风格的日本陶艺家善五郎采用了"Eiraku"(日语"永乐")的器名,显然是指他采用了永乐风格。

我们所知道的这种器皿主要是青花装饰小碗,内壁绘人物,口沿外下方绘一周阴影纹,外壁通体施红釉,红釉上的莲纹描金彩。

大英博物馆的收藏中有几只红釉碗,其中一只存放在威尼斯皮盒里,盒子的制作年代早,据说不晚于 16 世纪。这件特殊的器物落款"丹桂"(红色桂花,仕途成功的象征),表明它是为一些渴望通过科举考试获得荣誉的人制作的。毫无疑问,红釉碗在此后历朝频繁制作,比如嘉靖年间②。因此,我们很难区分不同时期的产品。但有一个特征可能对我们有帮助,当然,这个特征也很可能被复制。明早期的碗大多是锥底或者凸底③,而嘉靖时期的碗底内凹。有时可以在红釉碗上观察到锥底,比如大英博物馆的一件带永乐落款的样本。

其他红釉描金彩的代表性器物有:尤摩弗帕勒斯收藏的八方葫芦瓶,绘八卦、草木和桃实等,曾在 1910 年的伯灵顿美术展览会上展出④;亨利·奥本海姆收藏的靶杯(插图12);维多利亚与艾尔伯特博物馆收藏的一只碗,在 1575 年左右⑤加上了镶银配件后成了立杯。它是斯韦思林家族的传家宝之一,是詹姆斯二世送给斯泰尔丝的新郎格林先生

---

① 关于"鲜红"一词的讨论可见 R. L. 霍布森所著 *The Wares of the Ming Dynasty*,第 62 页。——原注

② 见 R. L. 霍布森所著 *The Wares of the Ming Dynasty*,第 105 页。——原注

③ 见 R. L. 霍布森所著 *The Wares of the Ming Dynasty*,第 18 页。——原注

④《1910 年伯灵顿美术俱乐部中国早期陶瓷展览图录》图版 27。——原注

⑤ 见《乡村生活》(*Country Life*),1920 年 10 月 30 日刊。——原注

的,具有历史意义。

插图 12

明嘉靖红釉描金彩缠枝莲靶杯,高 4.25 英寸

亨利·奥本海姆藏

　　最后,还有几件永乐瓷,虽然收藏者不是很感兴趣,但无疑是永乐真品。这些是著名的南京瓷塔①底层的瓷砖块,大英博物馆中有一些样本展示当时的胎体和釉面。胎体洁白致密,呈颗粒状。施釉部分釉色匀净,而未施釉的表面露出光滑的、细腻的胎体。窑炉中的火焰接触到的地方呈粉红色。

———————————

　　① 始建于永乐年间,竣工于 1430 年,毁于 1853 年。——原注

第五章 宣德（公元 1426—公元 1435 年）

当时景德镇的贸易活动非常频繁,接受朝廷订单的窑炉数量增加到 58 个,其中大部分分散在御器厂以外的民窑。御器厂由职位是"营造所丞"的官员督造。

《博物要览》对宣德时期的瓷器类型进行了格外全面的描述。在讨论各种类型的瓷器时,我们引用了其中一部分,因此,在这里进行大致的总结足矣。关于那些没有被引用的段落,我们将全部描述一遍。首先要提到的是釉里红三鱼纹靶杯。其次是青花瓷,比如龙、松、梅花靶杯或带有人物主题和莲纹的靶杯。还有朱砂小壶,色红如日的大碗,竹节靶罩盖卤壶、小壶。这些都是宣德朝新创的款式。"他如妙用种种,惟小巧之物最佳,描画不苟,而炉、瓶、盘、碟最多,制如常品。若罩盖扁罐、敞口花尊、蜜渍桶罐,甚美,多五彩烧色。他如心有坛字白瓯,所谓坛盏是也,质细料厚,式美足用,真文房佳器。又等细白茶盏,较坛盏少低,而瓷肚釜底线足,光莹如玉,内有绝细龙凤暗花,底有'大明宣德年制'暗款,隐隐橘皮纹起,虽定磁何能比方,真一代绝品,惜乎外不多见。"剩下的部分则描述各式花园坐墩。

《陶录》中有一句话:"所烧土赤埴,壤质骨如朱砂。"这很难与纯净如玉、洁白无瑕的坛盏相吻合。的确,许多明早期瓷器使用的黏土在底足露胎处有变红的趋势,《陶录》中的话可能就是指这一点。又或者,这句话有其他出处来源,最初是指一些特殊类型,如半陶素胎"软质瓷"。中国的陶瓷专著大多引用前人未得到证实的著述,这容易断章取义。无论如何,这种说法都不能适用于当时所有的瓷器。根据常识,甚至是我们见过的明早期器物,可以判定事实并非如此。但是,《陶录》中还有一句话应该引起重视,即使它的字面意思令我们更加困惑。从其他记载中,我们可以推断出,宣德瓷器胎体厚重致密,而釉汁"白如积雪",釉层肥厚,有轻微凹凸不平,像橘皮或鸡皮,偶尔有细孔之类的缺陷,中国人称之为"棕眼"。当然,所有这些表达都是相对的,尽管我们已经看到了明早期的陶瓷样本,釉层肥厚,多余的釉汁在局部堆积,呈凹凸状,就像橘皮[1]一样明显,但凹凸不平的表面在大多数情况下几乎察觉不到。

《陶说》对宣德瓷器的描述是这样总结的[2]:"此明窑极盛时也。选料、制样、画器、题款,无一不精。青花用苏泥勃青。至成化,其青已尽,只用平等青料。故论青花,宣窑为最。"

很明显,青花瓷是宣德时期的著名品种之一,因从西方进口的一种钴料而闻名,虽然

---

① 见 R. L. 霍布森所著 *The Wares of the Ming Dynasty*,第 17 页。——原注
② 见 S. W. 卜士礼翻译的《陶说》(*Description of Chinese Pottery and Porcelain*),第 59 页。——原注

原文没有具体说明是哪一种，但我们也能猜到。这种蓝色物质有不同的名称，苏麻泥、苏泥勃和苏勃泥①，它们可能代表这些进口矿物来源地的中文名。在后朝，这种进口青料还叫作回回青或穆罕默德蓝。这是解开谜底的关键，因为在16世纪那本被广泛引用的图谱中，作者项元汴将这一词简称"回青"，作为同义词代替宣德时期"苏麻泥青"的说法。

因此，我们可以得出结论，这种珍贵的钴料是从伊斯兰世界进口的，它与波斯和近东陶工使用的钴料属于同一种。我们不知道他们是什么时候开始发现这一重要材料的秘密的，但它肯定是发现于9世纪萨麻拉的陶器上。我们也不知道他们从哪里获得这些原料。伯顿②指出，俾路支省有最纯的钴矿，这很可能是来源地之一。我们也许可以在赵汝适关于宋代中国贸易史的一段有趣的记载③中找到证据。他提到钴蓝（原文是"无名异"）是吉慈尼的产品之一，这个地方应该是指印度西北边境的加兹尼（今属阿富汗）。

回青并没有大量进口，也不是所有的宣德瓷器都会使用回青。很可能只有很少一部分走出了御器厂。但我们得知，相比后朝，回青在宣德朝更受青睐，因为《明史》记载，苏门答腊的使节在1426年、1430年、1433年和1434年带来了回青和其他贡品。苏门答腊是东西方商人的聚集地，来自西亚的货物通过阿拉伯船只到达这里。著名的宦官郑和在永乐时期，曾率领一支探险队前往苏门答腊岛，他可能在他的战利品中带回了一些蓝色矿物。

我们从其他文献了解到，回青不适合在纯净状态下使用，因为它在烧制过程中容易晕散。人们习惯将它与发色暗淡的本地青料混合。混合的比例因器皿质量而异，无疑也决定了青花的呈色。这或许可以解释为什么有些文人描述宣德青花"浅淡"，与嘉靖时期的深蓝色相去甚远；有些人则认为宣德青花"深厚可爱"。

也许当时流行疏淡的青花色泽。但显然，下个世纪的收藏家并不排斥浓艳的色调，因为项元汴将他挑选的宣德瓷样本上的青花描述为"回胡大青"。

短暂的宣德时期被认为是陶瓷史上的经典时期，这一时期制作的瓷器一直备受推崇。项元汴的图谱中收录了七件高品质的宣德青花样本。其中五件仅用青花淡描纹饰轮廓，有"白如积雪"和厚如堆脂的"橘皮釉"。另外两件绘云龙和龙松。如今，我们不能奢望能碰到许多宣德官窑瓷，尽管我们偶尔会遇到几件可能是宣德时期的民窑生产的带宣德款的青花瓷。

有一种高脚杯形状的酒杯，称为"靶杯"（插图14）。纽约大都会博物馆收藏中有一件样本，用青花淡描纹饰图案，画风自由随意，瑞兽立于螺旋海水上，内壁圆形开光内绘

---

① 见 R.L. 霍布森所著 *The Wares of the Ming Dynasty*，第227页。——原注
② 见 W. 伯顿所著《瓷器的本质、艺术性及工艺》（*Porcelain：a Sketch of Its Nature，Art and Manufacture*），第68页。——原注
③ 见夏德、柔克义翻译的《诸藩志》（*Chau Ju-kua*），第138至140页。——原注

海螺和波浪,落款宣德。大英博物馆有一件类似的带成化款的靶杯,与莱弗顿·哈里斯收藏的一件靶杯(插图 16)形状相似,其外壁绘鱼藻纹,口沿和底座有镶银配饰,大约是在1530 年左右加上去的。这件器物有一个特征,纹饰用细笔勾勒,没用色彩填涂,和维多利亚与艾尔伯特博物馆收藏的一件小罐(插图 15)的装饰风格类似。如将这个罐子底部的釉料与奥本海姆先生的红釉水丞(插图 13)的釉料进行比较,二者惊人的相似,这似乎表

插图 13

釉里红水丞,底书宣德年款,直径 2.75 英寸

亨利·奥本海姆藏

插图 14

釉里红三鱼靶杯,内底青花书宣德年款,高 3.5 英寸

乔治·尤摩弗帕勒斯藏

插图 15

淡描青花老虎人物罐,高 3.5 英寸

维多利亚与艾尔伯特博物馆藏

插图 16

青花鱼藻纹靶杯,内部绘海螺纹,靶身绘"福山寿海"图案,

1530 年欧洲镶银配饰,高 3.375 英寸

莱弗顿·哈里斯藏

明这两件作品属于同一时期。奥本海姆先生的收藏中也有一件造型和图案类似的小罐。尤摩弗帕勒斯先生的收藏中有一件筒瓶，上面也用细笔勾勒人物主题，据说属于宣德时期。这种线条勾勒方法在晚明和康熙时期似乎很少使用，但在清晚期的青花瓷上又重新出现。

另一件颇有意趣的作品是维多利亚与艾尔伯特博物馆收藏的斯韦思林家族传家宝中的一只碗①，它于 16 世纪由一位银匠加上了配饰。外壁青花绘缠枝莲纹，底书宣德款。这只碗与著名的特伦查德碗中的其中一只（插图 17）有很多共同之处，它的配件也是 16 世纪中叶加上去的。除了外壁绘缠枝莲纹，碗心圆形开光内绘鱼藻纹，内壁四周绘四鱼。1506 年，为了感谢沃尔弗顿庄园的托马斯·特伦查德爵士的盛情款待，奥地利的菲利普②将它们作为礼物赠送给他，这些碗一直被认为是第一批到达英国的中国瓷器样本。鉴于同一类型的斯韦思林碗上的落款，它们很可能是宣德时期的外销瓷。

插图 17

特伦查德碗，外绘青花牡丹，内绘鱼纹，高 3.5 英寸

鲁恩夫人藏

在以西结先生的收藏系列中，有四只碗被认为是宣德时期的（见插图 18）。其中一只外绘摇曳的树枝，上面有一根树枝和一朵花，风格简洁生动。另一只绘缠枝莲纹和锦纹，风格洒脱随意。第三只绘花园场景，有雕栏和人物。它们都落宣德款。第四只绘狮子牡丹纹，为吉语款③。

---

① 见《乡村生活》（*Country Life*），1920 年 9 月 25 日刊。——原注

② 奥地利卡尔·菲利普王子和他的妻子乔安娜在天气的压力下来到韦茅斯避难，在那里受到了托马斯·特伦查德爵士的热情接待。——原注

③ 富贵佳器，即供达官贵人使用的精致器皿。——原注

插图 18

青花云纹碗，直径 4 英寸

马格斯·以西结藏

可以肯定的是，15 世纪，青花瓷出口到了印度和波斯。欧洲人在这些地区收集的样本中，无疑有质地粗糙的宣德民窑瓷。事实上，大英博物馆收藏的几件带宣德款的样本可能属于那个时期。它们主要包括适合波斯市场的执壶或酒壶。

例如，有一件执壶，其柄、盖和壶嘴都有部分破损，后在印度或波斯用金属修复。瓶身呈梨形，造型优美，两侧扁平。瓶身有叶形开光，开光处微微凸起。这件瓷器是典型的外销瓷，胎质细腻洁白，但釉层肥厚，白中泛青，纹饰绘画简约，别具风格，青花呈色令人赏心悦目，釉面布满气泡，青花晕染得有些斑驳。开光内绘莲池与仙鹤，周围绘杂宝纹和折枝花卉。器底方框内落款"宣德年制"。另一件执壶，釉汁肥厚，釉面开片，有剥落现象，但画风自由洒脱。主题纹饰绘树下圣人和山水场景，上下各绘一周璎珞纹、蕉叶纹等辅助纹饰。这显然是明早期的作品，很可能属于同一时期。这两件执壶中的青花都明暗斑驳，前者浅淡，后者深厚，这是宣德青花的特征。

第三件是八方执壶①，有八条边，绘缠枝花卉，颇具波斯风格，青花发色明亮，釉面肥厚，多气泡，青花渲染得模糊不清。圈足露胎处可见深褐色的胎体，落款"宣德年造"。它具有明早期作品的所有特征，很可能属于宣德朝。这件执壶曾经可能在波斯或近东地区用金彩装饰，但不确定，现在只留下几处疑似描金的痕迹。

当时出口到波斯的瓷器并不都是相对简朴的外销瓷，偶尔也会有精美的官窑瓷赠送给统治者或大使。否则，我们该如何解释维多利亚与艾尔伯特博物馆里那只迷人的小碟子呢？这是一件颇具波斯风格的小碟，属于陶器，但与真正的瓷器几乎没有区别。器底书宣德款，落款潦草随意。这件作品的纹饰用青花精心勾勒，如同项氏的赞美。这应该是一流的仿制品，碟心的圆形开光内绘一只鸭子立于石头上，四周绘缠枝莲纹，口沿外下

---

① 富贵佳器，即供达官贵人使用的精致器皿。——原注

方绘一周回纹。

　　这只美丽的碟子，无论纹饰、造型和底款，都让人不禁拿它与亨利·奥本海姆收藏的小碗（插图 19）相比较。小碗的形状不同寻常，下半部分胎体厚重，底部未施釉，露出洁白的胎体。外壁精心绘制缠枝莲纹，轮廓分明，并以青花填色，颜色干净明亮，让人想起带有波斯风格的碟子。碗心绘鸳鸯蹲在荷叶上，其中一只可能是另一只在水中的倒影，因为其他元素也相同。

插图 19

青花碗，外壁绘缠枝莲纹，内底绘鸳鸯纹，直径 3.5 英寸

亨利·奥本海姆藏

　　开罗人早就对由中国和阿拉伯船只进口的中国瓷器很熟悉，它们在红海港口交易，福斯塔特的废墟中发现了大量中国瓷器的碎片。大英博物馆收藏的一只碗足，碗底青花书"宣德年造"（插图 20），碗心绘蓝灰色麒麟。通过破损的口沿可以很好地观察其洁白

插图 20

来自福斯塔特的碗足，底书"宣德年造"

奥古斯都·弗兰克斯藏

的胎质,胎体玻化程度高。其制作过程并不严谨,因为偶尔可见砂粒和小孔。胎体上出现小孔的地方,釉面已经凹陷,就像中国人给它起的昵称,如"棕眼"等。圈足未施釉,露胎处呈红色。釉料肥厚光滑,质地与插图 13 和插图 15 类似。

素廷收藏的一件深腹碗受到了以往研究明代瓷器学者的关注。这件作品非同寻常,比普通的碗要大很多,胎质细腻,青花绘画浅淡柔和,非常漂亮。插图 21 中可见部分花卉纹,包括美丽的菊花和几只蜥蜴。碗心绘小鸟独立于山石上,内壁绘一圈缠枝莲纹。器底书宣德款,显示了它所向往的经典朝代,虽然它的尺寸不寻常,让人想起嘉靖时期①著名的崔先生仿制品的描述。

插图 21

青花碗,外壁绘菊花和蜥蜴,内壁绘一周莲纹,宣德款,高 3.875 英寸

乔治·素廷藏

插图 22 是格兰迪迪耶收藏的一件绘画精美的青花梅瓶,高肩小口。外绘人物、花园场景,以及典型的明代辅助纹饰。瓶肩绘一周如意云头纹,云头内绘莲纹,间以璎珞纹。底部绘一周莲瓣纹。它的外观具有明早期瓷器的所有特征,很可能是宣德时期的。

最后一件是大英博物馆收藏的花瓶。如果盒子上的铭文"宣瓷宝月瓶"真实可信,这件器物曾经的主人就是图谱的作者项元汴。其釉汁肥厚,白中泛青,青花绘桃枝与桃实,颜色柔和朦胧,有几处青花呈色发黑。这件颇有意趣的作品在别处已经解释和讨论过②。类似地,维多利亚与艾尔伯特博物馆的一件执壶值得注意,瓶身是叶子形状,有嘴无柄,外壁绘桃枝与鸟的图案,让人想起项氏宝月瓶的风格。

---

① 见 R. L. 霍布森所著 *The Wares of the Ming Dynasty*,第 123 页。——原注
② 见 R. L. 霍布森所著《中国陶瓷》第 2 卷（*Chinese Pottery and Porcelain*, *Vol*. 2）,图版 60。——原注

插图 22

青花梅瓶，制作于 15 世纪，高 12 英寸

恩斯特·格兰迪迪耶藏（卢浮宫）

《清秘藏》提到宣德时期的青花时所用的"深厚"一词，似乎特别适用于一种青花绘画风格，这种风格在一些带有宣德款的雍正和乾隆仿制品上很明显。这些仿品的图案通常以青花绘卷莲纹，青花呈色斑驳，其中颜色较深处似乎是通过将青花颜料堆积在浅淡的青花上形成的。单从晚期的仿制品来看，人们会认为这种非常独特的类型最早可以追溯到宣德时期。目前一些已知的样本无疑属于明代，即使不是宣德时期的。例如，1910年在伯灵顿美术俱乐部①展出的朝圣者抱月瓶，显然属于奥朗则布时代的印度。还有亚历山大收藏的美丽花瓶②，毋庸置疑是带宣德款的明瓷样本。还有一件同类型的样本出现在《俄罗斯帝国的古董》③图册中，该图册说明了俄罗斯帝国的一系列珍宝。但遗憾的是，书中并没有描述这些珍宝。这件作品的实际大小与插图一致，是一件造型优美的六方瓶。瓶塞镶金，由一条链子固定在一条金带上。瓶口刻有沙皇伊万·伊万诺维奇的名字。这无疑是亚历山大大公伊万·伊万诺维奇（1496—1534）的私人物品。瓶身绘青花卷莲纹，呈色斑驳。细颈上绘传统的蕉叶纹装饰带。底部未落款，但复制品上清晰显示

---

① 图录 L23。——原注

② 见 R. L. 霍布森所著《中国陶瓷》第 2 卷（*Chinese Pottery and Porcelain，Vol. 2*），图版 67 图 4。——原注

③ 卷 5，图版 36。——原注

的斑驳青花是我们正在讨论的典型的"深厚青花"。我们推断这一类型属于宣德时期，但也并没有忽视这样一个事实，即后来的瓷器装饰者也沿用了同样的风格。事实上，我们不仅在很可能是正德瓷器的器物上发现了它，在后朝的仿制品上也发现了它。

宣德红釉瓷与青花瓷并驾齐驱，并且与青花一样，它的红色拥有各种各样的名称，首先是"chi hung"①的统称，通常被翻译成"祭②红"，意思是祭祀太阳神时祭杯上使用的颜色。据我们所知，祭红包括"hsien hung"（鲜艳明亮的红色）和"pao shih hung"（宝石红）。目前尚不清楚这两种颜色之间是否有区别，但似乎都是从金属铜中提炼而来的釉下红彩。"鲜红"一词可能更普遍地用于大面积覆盖表面的红釉，而"宝石红"则用于纹饰中的红色填彩。但这种区别纯粹是表面的，因为在这两种情况下，颜色都是釉下铜红色。

然而，令人感到遗憾的是，"宝石红"一词现代被广泛应用于一种从铁中提炼的釉上红彩，因为这为两种类型的红色提供了简单明了的解释，即一个属于釉下，另一个属于釉上。但明代瓷器上的宝石红的意义是不会被误解的。《博物要览》中有一段关于红鱼靶杯的描述说得很清楚："宣德烧造各种窑器，以祭红为上，又有红鱼靶杯，以西红宝石为末，涂画鱼形，自骨内烧出，凸起宝光。"

一直以来，明代和后朝的釉里红都是通过加入来自西方的红宝石末制成的，将某种坚硬的石头（其中包括科尼利安③）粉碎并与釉料混合，后来自然而然成了一种传统。虽然，它并不是着色剂，但这种粉末可能在某种程度上有助于铜红色④的发展，这也不是不可能的。无论如何，《博物要览》中的描述只适用于涂在胎体上或掺入釉料中的铜红。顺便说一句，无论如何，这段话的作者似乎并没有区分鲜红⑤和宝石红。

---

① 见 R. L. 霍布森所著 *The Wares of the Ming Dynasty*，第 227 页。——原注

② "祭"这个字，对于不同的作者，有不同的写法。项氏使用汉字，意思是"聚集或积累"；在其他地方，我们发现所使用的汉字意思是"雨过天晴"，暗示暴风雨过后天空的红色。——原注

③ 玛瑙，一种红色的石头，根据殷弘绪的描述，在康熙时期被用来制备红釉。——原注

④ 同样，在胎体中使用一种特殊黏土被认为有助于铜红的发色。这种红色很难控制，可能少量的铁对红色的发展产生了作用。而铁来自含铁的土壤，也就是上面提到的特殊黏土。关于这个问题，A. L. 赫瑟林顿先生在向赫伯特·杰克逊爵士咨询时获得了一些信息：很难解释这一传统与铜红色釉形成过程中发生的实际科学反应之间的联系。这种颜色是由铜的微小颗粒在合适的条件下聚集而产生的，这里没有必要详细说明。我只想说，如果铜的含量超过一定的量，大概是 5% 或更少，就不会产生最佳的颜色。过量的铜会产生红色或棕色的封蜡效果，而不是明亮、透明的红色。在实际操作中，铜以氧化物的形式引进釉里。并且在窑炉的还原气氛下，氧化物在没有氧气的情况下还原为金属。这种"还原"过程无疑得到还原剂（如氧化亚铁）的帮助。可以想象，含铁黏土可能就是以这种方式起作用的。但这些理由也无法解释加入红宝石末或红玉髓末的传统。这些石头分别主要由氧化铝和二氧化硅组成。如果铜釉中存在过量的这些物质将不利于甚至阻碍铜发挥作用，如技术上所说的"冲突"。因此，一定量的氧化铝（在某种程度上，二氧化硅也是如此）会抵消过量的铜，过量的铜可能会产生不理想的失透效果。这是对这一被频繁引用的传统唯一有科学依据的解释。——原注

⑤ "鲜"字有"新鲜"的意思，与"干枯"相对，也有"纯净""清澈"的意思。用于描述红釉和釉里红透明和清澈的状态，与铁红（矾红）薄施于釉上产生的不透明、干枯的表面不同。——原注

　　釉里红的应用自永乐朝就已开始,这一点我们并不陌生,甚至可能更早①,但似乎宣德陶工是第一个掌握这种变化无常的材料的人。这一时期,中国陶工的方法主要是经验性的,可能是偶然发现某种泥土与胎体混合在一起,促进了红色的形成,这令他们比其他时代的陶工更有优势②。即使不相信像项氏这样的收藏家的"宝光灼烁"这样热情洋溢的描述,我们也可以清楚地看到,成功的宣德红釉③品质非凡。事实上,项元汴在他的图谱中给出了不下十二个例子。其中一些红釉作为单色釉施于器物表面或局部,有两件器物则用红釉填涂刻划的纹饰。其他器物上则用粗毛笔蘸红釉渲染器表,比如三鱼纹靶杯或三果纹靶杯。其他的则像青花装饰一样,用红釉勾勒轮廓。其中有一件似乎运用了青花和戗金装饰,另外一件则使用褐釉和绿釉装饰。人们称这种釉色为"积红",指"积聚的红色"或深红。在有些情况下,鲜艳夺目的红色被称为"西宝石红",还有些情况则被称为"猿血红"(猩红)。

　　从中文文献中频繁出现的典故来判断,红釉瓷的纹饰中最受欢迎的是鲜艳夺目的三条红鱼,在白色的釉面中游来游去。根据项氏的说法,宣德瓷器的釉面厚如凝脂,白如积雪,表面隐约凹凸不平,像粟米或鸡皮,甚至橘皮④。红色的图案在美丽的白色背景下显得格外醒目。雍正时期的御窑厂仿制了红鱼靶杯,以及三果纹靶杯、三灵芝纹靶杯、象征五福的五蝠纹靶杯。现代收藏中也有一些 18 世纪的复制品,它们可以提供宣德真品的信息。幸运的是,英国有三家收藏有红鱼靶杯的样本,它们极有可能属于经典的宣德朝。第一件红鱼靶杯(插图 14),与项氏图谱⑤中的样本几乎一模一样,以至于直接引用 S. W. 卜士礼的译文也不为过:"明宣窑积红三鱼靶杯。此杯形状来源于汉朝玉雕刻的靶杯。釉的白色部分看起来像凝固的脂肪,色调纯净如积雪。三条鱼是深红色的,鲜血一样的深红。纹饰轮廓苍劲有力。"据我们所知,其杯底平坦,是项氏在绍兴府花了二十四两银子买来的。

　　这件样本除了购入的价格不是二十四两,其他几乎完全符合项氏的描述。但是,落款的位置有所不同:在项氏的图录中,靶杯落款刻在平坦的器底;而在我们的样本中,落款用青花书写在杯心。平坦的器底露出精细洁白的素胎,釉面白中泛青,富有光泽。人们很自然会去寻找中国文献中经常提到的明代早期釉料的一种现象——棕眼、粟米般的隆起、鸡皮或橘皮纹。人们发现,釉面特有的油光显然是大量微小的凹陷造成的,如果对

---

　　① A. L. 赫瑟林顿所著《中国早期陶瓷器物》(*The Early Ceramic Wares of China*),第 142 页。——原注

　　② R. L. 霍布森所著 *The Wares of the Ming Dynasty*,第 103 页:在 16 世纪,陶工们曾两次呼吁朝廷取消对鲜红器的订单,因为很难成功烧制出这种釉色。——原注

　　③ 宣德红釉并不总能烧制成功。《博物要览》云:"若紫黑色者,火候失手,似稍次矣。"——原注

　　④ 见 R. L. 霍布森所著 *The Wares of the Ming Dynasty*,第 17 页。——原注

　　⑤ 插图 54。——原注

着镜子观察，甚至在强光下移动，就会看到釉面上布满了凹陷。这就是我们大胆认为①的"鸡皮"。深红色的鱼微微突起，布满了细小的气泡。

弗农·韦瑟德先生收藏的另一件作品与插图14非常相似。

第三件样本来自大维德的收藏，同样有相似的造型和釉面，釉下绘有三条鲜艳夺目的红鱼。杯心用青花写款，落款苍劲有力。主要区别在于器底，这件靶杯底部没被完全覆盖，靶心中空。

第四只红鱼靶杯来自尤摩弗帕勒斯的收藏，尺寸较大，口沿更宽，靶心中空，无落款，很像成化时期的风格②。

至于项元汴图谱中的一半红一半白的鱼柄香炉、红釉执壶、红釉碟、柿形胭脂壶，以及《博物要览》的"朱砂红小壶，红色大碗"等宣德红釉器物，更是英国及东方收藏家争相搜寻的对象，但收获甚微。雍正时期的御器厂曾仿制这种釉料，而著名的康熙郎窑红实际上也是以同样的方式制作而成的。因此，对宣德真品的追寻总是会因为这些后来的仿制品而变得复杂。然而，英国收藏中有一件作品似乎与所有特征相符。这是亨利·奥本海姆收藏的一件小水丞——中国文人喜欢的精致文房器皿之一。通过插图13可以看到它的器型和釉色。圈足可见洁白细腻的胎体，露胎处呈褐色。釉面白中泛青，光泽柔和暗淡。内壁有细孔，中国人称之为"棕眼"。在这些微小的凹陷处，釉汁无法流动，露胎处呈棕红色。早期釉面微小的凹陷被鉴赏家认为是美丽的斑点而不是缺陷。外壁施红釉，颜色介于牛血红和猪肝红之间，显然是一种源自金属铜的釉下彩。底部釉下方框内刻宣德四字款。

在《博物要览》中提到的其他类型的宣德瓷中，我们可以毫不费力地想象出美丽的坛盏和茶盏（圆腹，凸底），光莹如玉，有釉下刻划龙凤纹的"暗花"装饰，与永乐碗一致。在我们的公共收藏中，有一些白釉碗和白釉碟，即使不属于宣德朝，显然也是宣德器型的仿制品。

"若罩盖扁罐、敞口花尊、蜜渍桶罐，甚美，多五彩烧色。"我们现在来谈一谈彩瓷。我们不必再去考虑宣德时期是否已有彩绘，因为目前已经证实宋朝③就存在。我们唯一的困难是找到它的真正样本。在项氏的图谱④中，有一座宝塔的模型，塔顶是绿色的，门是黄色的，栏杆是红色的。这些都是"五彩敷色"。"五彩""五色"指釉上的多彩装饰；"敷"，指施药物于外表，这似乎清楚地表明，彩料是涂在釉上，或者至少是涂在涩胎上的，

---

① 见 R. L. 霍布森所著 *The Wares of the Ming Dynasty*，第 18 页。——原注

② 见 R. L. 霍布森所著 *The Wares of the Ming Dynasty*，第 81 页。——原注

③ 见 R. L. 霍布森所著 *The Wares of the Ming Dynasty*，第 14 页。——原注

④ 见 R. L. 霍布森所著《中国陶瓷》第 2 卷（*Chinese Pottery and Porcelain, Vol. 2*），图版 60。——原注

与涂在釉下或与色釉融合的颜色不同。彩绘工艺在成化时期已臻完美,鉴赏家们将宣德深厚的五彩与成化浅淡的五彩加以对比。在我们的收藏中,带有宣德落款的青花五彩瓷样本很少,如果有的话,毋庸置疑是真品。大英博物馆里有一件不完整的花瓶,在日本配了铜盖,极有可能是一件宣德时期的样本。这是一件方形器物,现在作瓷盒用,用五彩和青花绘仙鹤和莲花,色泽浓艳。底部以青花书宣德款,青花料是高品质的苏麻泥青。但最有意思的是,宣德五彩瓷中最负盛名的是温科沃斯收藏的一只优雅的浅碗(插图23),其釉层肥厚洁白、凹凸不平,有小细孔,与中国人描述的"棕眼"和"粟米纹"一致。这只碗用红、绿、黄褐和典型的明代松石蓝绘制优雅的折枝梅花,五彩装饰在白釉的衬托下格外醒目,不禁让人想起上面引文的话。碗底青花书宣德年款,以及干支纪年(癸丑年,相当于1433年)。

插图 23
五彩梅花碗,底书癸丑年,直径 8.5 英寸
斯蒂芬·温科沃斯藏

五彩的另一种主要形式通常称为"三彩",是指硅酸铅釉在大型窑炉的中温带部分烧制时所呈现的釉色,在第二章《明代制瓷工艺》中已经讨论过。明代三彩得到了长足的发展。毫无疑问,《博物要览》中的花园坐墩是宣德朝新创的,也属于三彩。原文段落是这样描述的:"漏空花纹,填以五色,华若毫锦。有以五彩实填花纹,细艳悦目。二种皆深青地子。又有填五彩,种种增妙不可尽述。"

中文描述性段落通常很难与已知实物对应,幸运的是,这里属于例外。我们熟悉的花园坐墩,和同一类型的花瓶、盖罐、花盆及其他大型器物的装饰方式几乎与所描述的完全相同。例如,大英博物馆①里一件精美的实心花园坐墩,外部以凸起的黏土线勾勒卷莲纹、奔马、祥云等,并用绿、黄和紫红彩填充,中间是松石蓝地,上、下两部分是深蓝地。好几个收藏中有侧面带镂空花纹的坐墩,一般来说,镂空装饰要么是格纹,要么是回纹,如

① 同上述引文,见 R. L. 霍布森所著《中国陶瓷》第 2 卷(*Chinese Pottery and Porcelain*, *Vol. 2*),图版62。——原注

插图 6 所示。关于这类瓷器的插图以及进一步描述，已在《明代制瓷工艺（续）》①一章中给出。

与精美的青花靶杯或鲜红靶杯相比，这类大型器皿数量众多。它们体形硕大，因此比较耐用。尽管随着时间的流逝，器物也有一定的磨损，木制盖子、新制的瓷盖，以及用釉上彩修复的瓶颈或柄都可以证明。像青瓷一样，它们因器型硕大，易于外销出口，这也是它们会出现在意想不到的地方的原因。同样可以肯定的是，这种类型的瓷器在整个明代，风格几乎没有变化。因此，很难准确断定我们的样本的年代。不要奢望现存的样本中有部分属于短暂的宣德朝。事实上，这一种重要类型不属于特定的朝代。《明代制瓷工艺（续）》②这一章的概述中对它进行了更细致的描述，并配有插图。我们也不应该忘记，这类器皿有的是陶胎③，是由全国各地不同的陶厂和瓦厂制作的。

大英博物馆收藏的一只碟子是宣德瓷的另一种代表性器物。这只碟子的外观具有明代瓷器的所有特征，实际上很可能属于宣德朝。其釉层肥厚莹润，白中泛青，外壁缠枝莲描金彩装饰，与红釉碗④类似。底部青花书宣德年款，青花料是苏麻离青。

有几位文人曾提到宣德时期的裂纹釉瓷。《博物要览》中提到"冰裂纹"，其他文人提及"冰裂鳝血纹者，几与官、汝窑敌"，官、汝是宋代名窑。虽然汝窑和官窑的各种釉色的确切性质仍未知，但其中至少有一些极有可能是青瓷类型，而目前讨论的宣德釉就属于这一类。"鳝鱼血"指的是将红色颜料涂在裂纹上以突出线条的做法。尤摩弗帕勒斯收藏的一件带宣德款的浅腹三足炉，其淡青的釉色表明当时景德镇已经使用青釉，即使它不是宣德真品。维多利亚与艾尔伯特博物馆布洛克萨姆的收藏中，有一件有趣的青釉方瓶，颈直，上绘青花凤纹，形制古拙，让人想起明早期的风格。

《江西通志》⑤刊载了一份雍正时期的御窑厂仿古瓷清单。据了解，这些瓷器真品被送到御窑厂复制。可以预料，它为许多古瓷类型提供了有价值的参考，并填补了我们信息中的空白。例如，我们了解到，蓝色或蓝紫色单色釉是宣德瓷的类型之一，属于"chiching"（雾青）一类。"釉色深，泛红"，并有"橘皮纹和棕眼"，这似乎是宣德瓷的特征。清单中描述了另一件带有宣德风格的黄地青花瓷。

《陶说》⑥所记载的宣德器型和纹饰较少，鉴于其朝代的重要性，对它们进行总结也

① 见 R. L. 霍布森所著 *The Wares of the Ming Dynasty*，第 34 页。——原注

② 见 R. L. 霍布森所著 *The Wares of the Ming Dynasty*，第 30 页。——原注

③ 见 R. L. 霍布森所著 *The Wares of the Ming Dynasty*，第 208 页。——原注

④ 见 R. L. 霍布森所著 *The Wares of the Ming Dynasty*，第 105 页。——原注

⑤ 见 S. W. 卜士礼所著《东方陶瓷艺术》（*Oriental Ceramic Art*），第 368 页，R. L. 霍布森所著《中国陶瓷》第 2 卷（*Chinese Pottery and Porcelain, Vol. 2*）第 223 页。——原注

⑥ 见 S. W. 卜士礼翻译的《陶说》（*Description of Chinese Pottery and Porcelain*），第 134 至 140 页。——原注

许对我们或多或少有帮助。它们包括盏心刻"坛"字的白坛盏。

白茶盏,暗刻龙凤纹,胎体洁白,"质细料厚",又"隐隐橘皮纹起,虽定瓷何能比方,真一代绝品"。

红鱼靶杯

青花龙、松、梅花靶杯;青花人物、海兽酒靶杯

竹节靶罩盖(以上三种被称为"发古未有")

轻罗小扇扑流萤茶盏

五彩桃注,石榴注,双瓜注,双鸳注,鹅注

洗具:磐口洗,鱼藻洗,葵洗,螭洗,这些是写完字后用来洗毛笔的盘子。

朱砂大碗;朱砂小壶。

卤壶和小壶(茶壶),这些都是新创的样式,只可惜它们的形状并不确定。

花尊,花觚形状,瓶口大于腹,与花瓶相反,花瓶口小于腹。

坐墩

扁罐,盆的一种;贮存蜂蜜的圆形罐(筒罐)

灯架(灯檠)

雨灯(雨台)

鸟食罐

蟋蟀盆

"戗金宣盆最重,亦有戗金蟋蟀盆,《吴梅村集》有歌。"

这些显然是比赛时斗蟋蟀的罐子。蟋蟀罐的形状一直颇受争议,有时候,各种不相干的东西被描述成蟋蟀罐。毋庸置疑,蟋蟀罐上留有气孔,允许空气进入,但气孔不能太大,否则蟋蟀会逃跑。除了这一特征,没有其他可以界定的特征。另外,由于各式各样的香盒上也使用了镂空装饰,因此识别蟋蟀罐并不容易。

第六章　成化至弘治（公元 1465—公元 1505 年）

1436 年，监管御器厂的督陶部门被废除，朝廷下令暂停为皇宫御制瓷器。显然，御器厂在短暂停产后又恢复了生产。但在 1454 年，景泰减少了三分之一的官窑生产。天顺年间，御器厂又重新建立起来并由一名宦官负责监管。

景泰年间因掐丝珐琅彩而闻名，然而其年份款识显然无人知晓。有一两件器物上出现过天顺款，但是年份可疑且没有任何艺术价值。不过，虽然没有迹象表明这段时期生产过任何特别类型的器物，但或许可以肯定的是，即使御器厂当时大门紧闭，民窑也仍在继续烧造。虽然没有新的变化和发展，但器物类型仍延续了前朝的风格。由于缺乏对这一时期中国的记载，当代欧洲的著作中偶然提及了中国瓷器，恰巧激发了我们的兴趣。马修·德·库西①引用了埃及，亦作巴比伦②的苏丹③ 1447 年写给法国国王查理七世的一封信，其中提到一份礼物清单："三只瓷碗，一只瓷碟，两只大敞口碟，两件带柄瓷瓶，一件洗手盆，一件绿姜罐，等等。"其中包括各种我们熟悉的器物——中国生产的瓷器——碟、盘、大盘、瓶、盆、姜罐。其中一部分是绿色的瓷器（可能是青瓷），部分有"ouvre"装饰，表明可能包含刻花或模印的设计。

当时，中国瓷器在意大利也并非鲜为人知。否则，安德烈亚·曼特尼亚的《三博士来朝》④中出现的小碗就不太可能呈现出如此强烈的中国风格。这是一件典型的青花碗。但奇怪的是，这幅画中的碗被其中一个人握在手心里，如同永乐时期的压手杯。

人们普遍认为成化时期是景德镇瓷器发展的第二个鼎盛时期。这与古代文人的观点不谋而合，也得到了后世陶艺家们的认可，他们在自己的作品上也都不偏不倚，落款宣德和成化。《博物要览》作为代表性文献对成化瓷器的描述如下："成窑上品，无过五彩葡萄撇（撇）口扁肚靶杯，式较宣杯妙甚。次若草虫⑤可口子母鸡劝杯⑥，人物莲子⑦酒盏，五供养浅盏，草虫小盏，青花纸薄酒盏，五彩齐箸小碟，香合，各制小罐，皆精妙可人。余

---

① Mathieu de Coussy（1420—1482），著名编年史家，出生于法国，见证了百年战争的最后一幕。——译者注

② 巴比伦，这里指拉丁语世界对埃及马穆鲁克王朝的首都开罗的命名。——译者注

③ 苏丹，这里指在伊斯兰教历史上类似总督的官职，古文翻译为"锁鲁檀"（见《明史》）。——译者注

④ 安德烈亚·曼特尼亚的生卒年份为 1430—1506。这幅画为《伯灵顿杂志》1905 年 11 月刊的插图。——原注

⑤ Ts'ao chung，亦可指草虫，即蚂蚱。——原注

⑥ S. W. 卜士礼将其译为"婚杯（交杯）"。——原注

⑦ 此处亦可指酒杯形似莲子，并装饰有人物主题。——原注

意青花成窑不及宣窑,五彩宣德不如成化宣窑之青,乃苏浮泥青也,后俱尽,至成窑时,皆平等青矣。宣窑五彩深厚堆垛,故不甚佳,而成窑五彩用色浅深,且用染色颇为画意,故佳。"这一说法颇为可信。

其他文人认为,一般来说,宣窑厚,成窑薄;而前者青花浅淡,后者青花深厚。但是关于这两个时期的青花描述,仍然无法盖棺定论。因为我们得知提到宣德瓷器时曾讲到浓郁的深蓝色,而"色泽淡雅的成化官窑青花瓷"也被列入雍正时期御窑厂陶工仿制的瓷器名单中。

我们从《明史》中了解到,苏门答腊①的使节一直以来都习惯性地在他们的贡品中带上回青料,而最后一批的送达时间是在 1486 年。即使苏门答腊一直进贡青料,当然这一点无法确定,由于青料到达的时间太晚,对成化瓷器影响也不大。无论如何,我们目前只能将《博物要览》中记载的这一时期苏浮泥青供应不足,视为可靠的说法。当然,这也解释了中国著作中很少提及成化青花的原因。

我们的收藏中,没有一件青花瓷可以保证一定是成化官窑瓷。另外,还有几件很可能来自这一时期的民窑。不乏证据表明,中国瓷器在当时的近东贸易中属于常规产品。1474 年,威尼斯驻波斯大使在向上级汇报的时候曾写道,"中国是生产瓷杯和瓷盘的地区"。从这个措辞可以明显看出,他的读者对这些器物相当熟悉。在这一时期,这种器物也通过自由贸易进入埃及。我们了解到洛伦佐·德·美第奇与埃及的苏丹建立了贸易关系,并且埃及的一位大使于 1487 年抵达佛罗伦萨,带去的礼物之中就包括一件他们从未见过的色彩鲜艳的大花瓶。的确,早期文献对"瓷器"这一词使用得并不清晰,但是这些很可能都是来自中国的瓷器。同年,从埃及进口到巴塞罗那②的货物中出现了瓷器;卡斯蒂利亚国王菲利普一世于 1506 年送给托马斯·特伦查德爵士的著名的特伦查德碗③极有可能是通过同一路径抵达欧洲的。

有文献④曾提到纽约大都会博物馆收藏的一件带宣德款的青花靶杯,以及大英博物馆收藏的另一件图案相似但造型略不同的靶杯。后者落成化款,以浅淡青花勾勒出翼龙、奔马、鹿、麒麟、兔子等图案轮廓,内部留白,背景绘螺旋海水。靶身绘"寿山福海"图案,锥形岩石在海浪中升起,这可能是暗喻从海中升起的寿山。杯内壁的圆形开光内绘海螺和螺旋海水。

这件作品本身就颇有意趣,看起来像出自明代,很可能就是明代的。但同样重要的

---

① 见 R. L. 霍布森所著 *The Wares of the Ming Dynasty*,第 55 页。——原注

② 见约瑟夫·马里亚特(Joseph Marryat)所著的《陶器与瓷器》(*Pottery and Porcelain*)第 241 页,其中引用了许多早期的关于瓷器的有趣记录。——原注

③ 见 R. L. 霍布森所著 *The Wares of the Ming Dynasty*,第 57 页。——原注

④ 见 R. L. 霍布森所著 *The Wares of the Ming Dynasty*,第 56 页。——原注

是,它与莱弗顿·哈里斯收藏的另一件更有趣的样本有关(插图16)。这只靶杯和高足杯的尺寸相近。同样,纹饰轮廓用浅淡青花勾勒,风格自在不拘。内壁开光内绘海螺图案。靶身有"寿山福海"的图案,但主题纹饰是典型的明代鱼藻纹①。这只可爱的小杯,口沿和底足均有镶银配饰,应该是在1530年左右到达欧洲之后加上去的,这表明它早在16世纪早期就到了欧洲人手里。根据大英博物馆的成化靶杯和纽约博物馆的宣德靶杯可以推断,这件器物无疑出自经典朝代。

插图24中的这件淡描青花鱼藻纹碗与贝莱特收藏的一件别有意趣的小碟和莱弗顿·哈里斯收藏的另一件杯子有相似之处。此外,小碟口沿处的印花图案非常精美,外壁绘六簇莲花团花纹,其间有棕榈纹,风格罕见,可能是在15世纪某一时期制作的。

插图24

淡描青花鱼藻纹浅碗,碗内侧印花浮雕,制作于15世纪,直径5.75英寸

R.E.贝莱特藏

在以西结先生的收藏系列中,有两只成化款的小碗也被认定属于成化时期。器物制作相当简朴,显然是出自民窑,青花呈色也很暗淡。其中一只绘花园场景,外壁绘麒麟,内壁绘鸟。另一只辅助纹饰绘山水,同德累斯顿国家艺术收藏馆藏②的一只宣德款碗内壁及在波斯发现的一些中国瓷器的纹饰一致。

李文卿③先生赠予大英博物馆的一只小碗④是一件成化青花瓷真品,其造型相似,但做工相对更加利落;并且对它的鉴定得到了一位大名鼎鼎的中国鉴赏家的认同。我们认

---

① 见R.L.霍布森所著 *The Wares of the Ming Dynasty*,第21页。——原注

② 见R.L.霍布森所著《中国陶瓷》第2卷(*Chinese Pottery and Porcelain*, *Vol.* 2),图版67图4。——原注

③ 李文卿,上海古董商,创立文源斋古董店,主要经营瓷器、字画等生意。——原注

④ 见《乡村生活》(*Country Life*),1920年9月25日刊。——原注

为基本上可以放心地把它作为成化真品展出。其胎体洁白透亮,釉汁肥厚莹润,白中泛青,青花发色蓝中带灰,绘有五个穿着飘逸长袍的人物,笔法老练。至少在西方人看来,其特征营造了一种诡谲怪诞的氛围。碗内壁有一个手捧寿桃的人物,可能是偷了寿桃的东方朔。碗外壁绘两个人物,一位显然是没有捧寿桃的东方朔,另一位是留有一捋胡须的智者。这只碗落成化款,釉面莹润光洁。但它有许多小缺陷,如小孔。对于明初的瓷器,中国人经常称这种缺陷为棕眼。乔治·尤摩弗帕勒斯收藏的另一只小碗(插图25)也很有可能属于这个时期。其白色胎体致密,釉面因微小的气泡而变得朦胧,呈现大理石般的柔和光泽。青花发色呈靛蓝色,外部绘缠枝莲和卷草纹,内部饰团花纹。胎底微凸,底书成化年号①方框六字款。

插图 25

明成化青花缠枝莲纹碗,直径 3.75 英寸

乔治·尤摩弗帕勒斯藏

《博物要览》中曾写道"青花纸薄酒盏"。雍正御供瓷器也包括成化青花瓷仿品,但项元汴没有把这一时期的青花瓷作品列入图谱之中。我们推测他只对这一时期的五彩瓷感兴趣。对于这些瓷器,项元汴没有过多的溢美之词。这些是瓷器中的珍品,可与精美绝伦的宋代瓷器相媲美。非常遗憾的是,项元汴的插图中有一部分糟糕得滑稽,与他慷慨热忱的笔触相比,可谓黯然失色,实在是有些不尽如人意。不过,我们了解到,这些五彩瓷器所使用的颜色主要是绿、黄、茄皮紫,一部分显然是在釉上用毛笔涂抹的,而另一部分大概是直接在素坯上施彩。

例如,有一件瓜形酒壶②,胎体为黄色,壶嘴和壶把呈树枝状,施茄皮紫釉,还有一些绿叶堆雕。这种作品适合素坯施彩的处理方式。同样地,玉兰杯③和菊花杯④也更适合

---

① 对比插图,为底书"大明成化年制"方框六字款。——译者注
② 见前文所引,项元汴所著的《历代名瓷图谱》,图38。——原注
③ 见前文所引,项元汴所著的《历代名瓷图谱》,图49。——原注
④ 见前文所引,项元汴所著的《历代名瓷图谱》,图65。——原注

这种处理方式。顺便讲一下，这两件作品列入图谱之中有些荒谬，因为这两件器物均无法使用，玉兰杯若没有外力无法立起来。后来的福建窑和其他瓷器中也出现了玉兰杯（见插图26）。其中，玉兰花造型典雅，而且保留了器皿的实用性。我猜想这些作品大抵是悠久的成化花杯的真实写照吧。

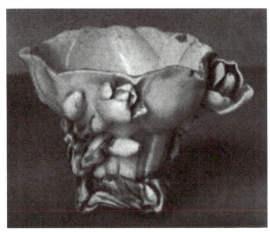

插图 26

白釉玉兰杯，杯身为玉兰花状，花茎为底，青色呈色斑驳，高 3.3 英寸
弗农·维瑟德藏

在其他作品中，有五件图案绘制精美，显然使用釉上彩绘，其中包括一件著名的靶杯①。据《博物要览》记载，成窑靶杯精美绝伦，甚至胜过宣杯。这一描述虽然并不具说服力，但根据项元汴的描述，靶杯的釉面白如米粉，隐约有粟米纹，葡萄纹如紫色宝石，曾经价值一百两白银②。《博物要览》中还提到另一种类型的瓷器，具有代表性的是两只小酒杯，上面绘有花朵、蜻蜓、螳螂、"草虫"。根据描述，它们非常轻薄，实际上仅有 11 克重。

还有两只缸杯③，侧面形如花园用的平底鱼缸。一只杯子上绘鹅，游翔戏浴，有灵芝点缀，而另一只是著名的鸡缸杯。后者"杯质之薄，几同蝉翼，可以照见指螺。所画子母二鸡，特具饮啄之致，与宋画院所作写生之迹无殊。至于鸡冠花草、敷色浓淡之间，大得黄筌④赋色之妙"。原作实属精品，工艺精良，画工细腻，意境十足。这点毋庸置疑，其精美程度曾得到诗人高澹人⑤的青睐，他曾为其中一件作品赋诗一首。不过，要想通过项氏图谱中的简图一睹这些珍宝的真容，还需要下一番功夫去想象。另一只酒杯形若树干，外施茄皮紫釉，用同一色釉勾勒出树干表面的凹凸结点。《博物要览》中提到的香盒，其

---

① 见前文所引，项元汴所著的《历代名瓷图谱》，图 55。——原注
② 见前文所引，项元汴所著的《历代名瓷图谱》，图 59。——原注
③ 见前文所引，项元汴所著的《历代名瓷图谱》，图 63 和 64。——原注
④ 黄筌，五代西蜀人，宫廷画家。画风工整富丽，被宋人称为"黄家富贵"。——译者注
⑤ 高士奇（1645—1704），字澹人，清代著名学者。——译者注

代表性器物是黄地绿彩程式化花纹小圆盒①（此处叫作胭脂盒）。

书行至此，我们不得不通过文献记载以及康熙与雍正时期的精美仿品来想象这些精美绝伦的成化五彩瓷器。亚历山大博物馆收藏②的一件粉彩靶杯给我们提供了著名的葡萄纹靶杯的线索；而雍正时期釉下青花和釉上彩绘制的花卉、虫、鸡、牡丹图案的薄胎（卵幕）杯，与著名的鸡缸杯略有几分相似。不过，中国似乎又多了一件成化官窑瓷器。

这是一件奥本海姆收藏的卵形瓷盒，可见插图 27。这件作品，造型考究，工艺精湛，色彩装饰也细致入微，符合项元汴图谱中关于成化彩瓷的描述。胎体洁白轻薄，胎质细腻。器物饰釉上黄、绿、红彩，以及釉下青花。瓷盒上绘青花假山。折枝葡萄纹施蓝、绿彩。树叶和树根分别施绿彩和红褐彩，用褐彩绘制轮廓线。底书成化年号青花六字款。器底和圈足交界处的釉汁肥厚，白中泛青。

插图 27

明成化青花卵形瓷盒，施浅绿、淡红、酱黄三彩，瓷盖绘花石图案，器身绘葡萄藤纹，高 2.2 英寸

亨利·奥本海姆藏

盖子上绘青花山石，长春花的青花呈色非常柔和明亮。还有一种开花植物。一簇荷花用青花、淡红和浅绿彩描绘。

除这件引人入胜的小盒子外，我们仅有的可能属于这一时期的五彩瓷是几件底足厚重的大花瓶，器型硕大使其得以保存下来，不过几乎都有残缺。其中一件器物为灰色裂纹釉将军罐，藏于大英博物馆③，绘有缠枝莲花，施草绿、黄、紫、青绿彩，局部以青花点缀。

---

① 见前文所引，项元汴所著的《历代名瓷图谱》，图 76。——原注
② 见 R. L. 霍布森所著《中国陶瓷》第 2 卷（*Chinese Pottery and Porcelain*，*Vol.* 2），图版 106。——原注
③ 见 R. L. 霍布森所著《中国陶瓷》第 2 卷（*Chinese Pottery and Porcelain*，*Vol.* 2），图版 64 图 1。——原注

遗憾的是,这件器物颈部有残缺。花瓶胎体厚重,底座宽大且平坦,未施釉,器底方框内青花书成化款(插图28)。可以肯定这是一件明早期的作品,而且基本上可以推断这只花瓶出自当时的民窑。

插图 28

花瓶底足,落款"成化年制"

H. B. 哈里斯收藏

插图 28

明成化裂纹釉青花缠枝花卉瓶,高 18.5 英寸

H. B. 哈里斯藏

— 50 —

我们的收藏中还有几件同类型的器物，H. B. 哈里斯先生收藏的花瓶，如插图 28 所示。它与上文提到的大英博物馆的作品如出一辙，无须赘述。另一件是乔治·尤摩弗帕勒斯收藏的类似的缠枝莲纹花瓶。还有一件是 G. 本森收藏的宣德款灵芝缠枝纹花瓶。

尤摩弗帕勒斯的收藏中还有一件类似的断颈瓶，绘有八仙人物，施淡茄皮紫釉，给人一种奇异的朦胧感和光怪陆离的效果。同一收藏系列中的另一件器型相近但无落款的花瓶，松石蓝地呈色斑驳。器身绘莲纹，用褐彩勾勒梵文和贝壳轮廓，填黄、茄皮紫、白彩，边饰以少许青花点缀。

最后，插图 29 是卢浮宫格兰迪迪耶收藏中的一件花瓶，器型相近，底足厚重沉稳，瓶颈也有几寸缺失①。其装饰精美，以杂色松石绿釉为地，用褐彩勾画莲花纹轮廓线，以黄、绿彩填绘。这是一件极具明朝风格的精品，虽然没有落款，但显然与这组的其他作品属于同一时期。

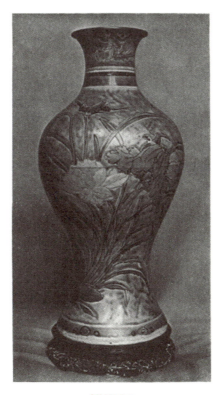

插图 29

明成化松石绿地黄绿彩花鸟纹瓷瓶，用褐彩勾勒纹饰轮廓，高 17.5 英寸

恩斯特·格兰迪迪耶藏（卢浮宫）

高濂人的诗词有一点很有意思，除了引用鸡缸杯，还提到这一时期的瓷器有"宝烧碗、朱砂盘""最精致，价在宋瓷上"。由此看来，著名的宣德红釉瓷仍在生产。不过在没

① 部分利用珐琅金属圈修复。——原注

有落款的情况下,我们很难分辨出成化时期的作品。

有人认为尤摩弗帕勒斯收藏的两只红鱼靶杯中较大的一只可能是成化时期的作品。这件瓷器赏心悦目,釉面有气泡,白中泛青,与插图14中盈润光泽的釉里红三鱼靶杯基本相同。釉里红鱼纹图案,色泽饱满鲜艳。靶中空,无落款。杯形为敞口外撇,我们发现①这也是成化靶杯的一个显著特征。

宣德和成化这两个经典年号,在后世的器物上使用得极为自由,因此十分常见。如果仅凭外表的落款就照单全收,很容易就能收集到大量的、五花八门的成化瓷器。事实上,无论怎样,那些落成化款的瓷器,没有几件真正属于明代。收藏家必须从这些瓷器中,筛除确为②明晚期的仿品,然后再去仔细考量余下的一小部分。

关于无落款的器物,有几件在近东发现的外销青花瓷,从风格来看,可能属于明早期。其中一部分器物我们可以大致推断属于15世纪,但很少有人能确定其所属王朝。同样地,大量具有"掐丝珐琅"风格和"素胎彩绘"的器物③,无疑有一些是成化时期的,但由于没有铭文,确实无法断言。

在官方和其他关于成化御窑的文献中,很少提及器型。我们可以推测,当时的陶工只要原料齐备就能够生产出任何器型的陶瓷,因此除了引人注目的新奇玩意儿,没有必要提及其他。文献中所提到的器型都是日常使用的,如靶杯、各式酒杯、小盏、浅盏、盘子、齐箸小碟、香盒、各式小罐,而且其关注点主要在于不同的装饰。

我们了解到,釉上彩绘在当时与日俱进,而且图案设计大受欢迎。宫中顶级画师设计好样式后将图纸送到御器厂,御器厂的陶工再将其应用到瓷器上。除了《博物要览》中提到的图案,《陶说》中还列举了酒杯的装饰:"高烧银烛照红妆酒杯,锦灰堆,秋千、龙舟、高士、娃娃杯,满架葡萄、香草、鱼藻、瓜茄、八吉祥、优钵罗花、西番莲杯。"

这些描述大多数容易辨别。的确,大家对这些图案都比较熟悉,如葡萄藤图案、鱼藻纹、八吉祥、缠枝莲。如还有疑惑,我们可以从高澹人的诗句妙论中寻求答案,前文也已经多次提及。"高烧银烛"等,描绘的是一位佳人在烛光下欣赏海棠开花的画面。图案设计精美,深受后世工匠推崇。康熙青花碗上的彩绘装饰表明,成化时期有青花和彩绘装饰。锦灰堆纹④瓷杯,绘有折枝团花瓜果纹⑤,这些设计类似于中国古老的刺绣图案。正

---

① 见 R.L.霍布森所著 *The Wares of the Ming Dynasty*,第64页。"撇口扁肚靶杯",还可见项元汴所著的《历代名瓷图谱》,图55:"杯形"(藤纹靶杯)"与上杯相仿"(宣德靶杯),"但碗口外撇,直径更大"。——原注

② 见 R.L.霍布森所著 *The Wares of the Ming Dynasty*,第123页。——原注

③ 见 R.L.霍布森所著 *The Wares of the Ming Dynasty*,第30页。——原注

④ 锦灰堆,《中国古代陶瓷鉴赏辞典》中曾介绍其为瓷器纹饰之一,兴于明代成化年间,是一种繁密的规矩图案画。——译者注

⑤《高江村集·成窑鸡缸歌》中,原文为"折枝花果堆四面也"。——译者注

如人们所想象的,秋千杯所描绘的是华托式①风格的男孩女孩们玩秋千的景象。龙舟杯所表现的是端午节赛龙舟的场景。高士杯表现的是周茂叔(周敦颐)爱莲和陶渊明爱菊。娃娃杯描绘的是五个娃娃相互嬉戏的景象,他们有时在松树下嬉戏,这无疑是日本平户瓷器上常用设计的灵感来源。其他的图案中,有一种为中日艺术家所共同喜爱,常用于明末和后世制作的青花或五彩大盖罐。优钵罗是梵文"utpala"的音译,是一种青莲花。

1486 年,景德镇的御器厂废除了督造官,直到弘治在位的最后一年才恢复,在此期间"窑事不著"。当然,这并不意味着瓷业彻底停摆。恰恰相反,当时有一些类型的瓷器非常出色,能够在项氏图谱②中找到一席之地,即古香铜色香炉、葫芦酒壶、葵花形杯、铜色酒罐。从文字描述中我们可以看出,这一时期的黄釉一直备受推崇,而且其中一些彩瓷也能与成化时期的相媲美。在项氏图谱中,黄色一直是主色调。色如蒸栗的香炉,外施黄釉,内壁施白釉的葵花杯、酒罐所施的也是相同色调的黄釉。娇黄(或淡黄)葫芦壶,壶柄和壶嘴呈树枝状,分别施褐彩和绿彩。

弘治黄釉作为一种陶瓷釉色,久负盛名。我们在唐代的器物上看到了黄褐色的硅酸铅釉,还有质地更坚硬的黄釉,如明代陶瓷上的中温色釉。

明代釉上彩绘中使用的一种黄彩在窑炉中经过低温烧制后,通常呈现一种斑驳的透明色。只有一些特别的器物上,才具有康熙时期纯粹的黄彩。这种黄釉可能直接施于素坯上,如项氏图谱中的葫芦壶,施绿釉、茄皮紫釉。

我们可以推断,其他器物所施的是黄釉而不是后来的釉上黄彩,而黄色彩料直接施在素坯上时,颜色往往会更深;而涂在白釉上时,颜色会更浅。由于釉是半透明的,无论在什么情况下,都会受到底釉颜色的影响。对于这些明代黄釉器,人们并非一无所知。维多利亚与艾尔伯特博物馆收藏的一件带有弘治落款的器物可能是这一时期③的真品。

插图 30 的这件器物的黄釉娇嫩柔和,有磨损的痕迹,与典型的明代黄釉一样,布满黄色微粒,明显有细小的微粒悬浮于透明釉中。这些微粒在边缘处较薄,而在凹陷处积聚的釉层较厚,因此釉面颜色分布不均。这件作品旁边还有一件弘治黄地青花盘。而且,所有细节都指向其为真品。

---

① 华托是最著名的洛可可风格画家。华托式,指法国画家华托作品中的女子服装式样。——译者注

② 见项元汴所著的《历代名瓷图谱》,图 7、42、46、47。——原注

③ 见 R. L. 霍布森所著《中国陶瓷》第 2 卷(*Chinese Pottery and Porcelain*, *Vol.* 2),第 28 页。如认同阿拉伯铭文,其中提到的年份为 1611 年,那这件器物肯定出自明代,当时可能归某波斯(现伊朗)大公所有。——原注

插图 30

弘治黄地青花折枝花果纹盘,直径 10.25 英寸

维多利亚与艾尔伯特博物馆藏

弘治款并不常见,显然这个年号的名气不足以为后世的陶匠所借用。例如,弗兰克斯爵士收藏中的一只浅碟,胎体洁白,圈足内墙底呈浅褐色,外罩一层釉,釉色白中泛青,具有明早期上好瓷器所具有的莹润光泽。因白色是丧葬期间使用的颜色,白釉[1]的制备受到了特别关注。的确,这件器物的特殊釉料用在重要的部位,即内壁和侧身,而品质稍差的釉料则罩于器底的青花款识上。

有趣的是,这只盘子和维多利亚与艾尔伯特博物馆收藏的黄釉盘,工艺相似。二者均是非常精美的瓷器,胎体薄,造型优美。两者的圈足一模一样,底部釉面有一种特殊的莹润光泽,有宣德红鱼靶杯[2]上的“鸡皮”效果,同样带有正德落款[3]。显然,这一时期的陶工基本上继承了宣德和成化时期的技艺。

皮尔庞特·摩根的收藏中有一件精美的三彩瓷——一尊动人的观音像,施有黄、绿、茄皮紫三色釉,铭文对应的年份为 1502 年。这一点提醒我们,弘治在位期间也有一类重要的瓷器。而且从项氏图谱中可以了解到,这一时期的彩绘瓷可与成化瓷相媲美。弘治时期的红釉瓷和青花瓷在中文文献或书籍中无迹可寻,但我们可以推测,只要条件允许,同其他类型的器物一样,也会沿袭前朝的传统。

---

[1] 见 R. L. 霍布森所著 *The Wares of the Ming Dynasty*,第 27 页。——原注

[2] 见 R. L. 霍布森所著 *The Wares of the Ming Dynasty*,第 64 页。——原注

[3] 见 R. L. 霍布森所著 *The Wares of the Ming Dynasty*,第 93 页。——原注

第七章　正德（公元 1506—公元 1521 年）

　　尽管《博物要览》中并未提及正德，而在《陶说》中也只是简述，但因为回青这种釉料的供应，正德在中国陶瓷史上还是具有一定的历史意义。云南总督收到了外国进贡的一批青料，起初是用于仿制珠宝的彩色玻璃。后来，人们发现它可以承受瓷窑的高温烧制，于是下令将其用于瓷器装饰。回青的效果"古朴艳丽"，说它"古朴"，无疑是因其大抵可与宣德时期古老的苏麻离青相媲美。不过，这种青料颜色浓艳，品质最佳者被称为佛头青，指佛像的头发被染色后呈现的深青色。此外，我们了解到，御器厂的工匠会偷偷将青料出售给民窑作坊，青料滥用的问题大概到下一代皇帝才得到解决，当时一个新的青料称重方法终结了内盗现象。因此，民窑作坊曾使用过这种珍贵的青料，在当时出口到波斯和近东的一些器物上发现回青也就不足为奇。

　　根据《陶说》，当时使用的青料是回青和本地青的混合物，最佳配比是 10∶1，中等质量是 4∶6。在宣德时期，也有类似的关于配制苏麻离青的说法。我们还从他处了解到，虽然无名异①在制备过程中与回青的外观一致，但它并不像后者那样，能够在窑火的高温下保持艳丽的光泽。

　　据一位 16 世纪末的作家②所说，正德时期的青花瓷备受推崇。如今正德时期的青花瓷也很罕见，已知的几件作品，器型均较特别。它们是大英博物馆收藏的四件器物：一对圆形帽架、一件四方葫芦瓶的下半部、一件笔架、一件砚盒。回青描绘云气纹和缠枝莲纹围绕的阿拉伯文字团花，这种缠枝莲纹的设计经常被中国文人描述为回回文，或阿拉伯文，而且基本上无疑来源于波斯。事实上，这种装饰类型在波斯陶瓷上并不罕见。

　　接下来详述中国与波斯之间有趣的思想交流，不过目前还无法推断这一小批正德器物是否为波斯市场所生产。帽架、山形笔架、砚盒均是中国特有的器型，而阿拉伯铭文可能只意味着它是为中国的几百万穆斯林所设计的。铭文主要是古兰经，但砚盖上的铭文是通俗文字，内容对中国的文人墨客很有吸引力："苦练书法，终身受益。"这些器物全部落有正德款识。作为 16 世纪初中国生产的瓷器，这一类型值得研究。虽然胎体厚重，但

---

　　① 无名异，青料的名称之一，出产自西亚阿拉伯国家，宋代即有进口记载。国内也产。无名异生于石上，色黑褐，呈颗粒状。可作药材，治金疮内损，止痛，生肌肉。据宣德三年（1428 年）的《宣德鼎夷谱》记载，明代即用国产料作瓷器色料。有人认为它与无名子、石子青、画烧青等同物异名。——译者注

　　②《事物绀珠》（出版于公元 1591 年）的作者。——原注

胎料质密细白,釉面同大多数明代早期器物一样肥厚。而这几件器物白中泛青,其中三件表面暗淡,可能是由于在存世期间经历过大火。[1] 一位陶工对其他瓷器上的类似现象是这样描述的,青花图案轮廓分明,并用柔和的回青填色,釉面布满气泡,模糊不清,青花轮廓线朦胧。青花有时色散不收,需要与本地的青料混合使用。

我们不能想当然地认为,阿拉伯文字团花图案是正德瓷器所特有的。大英博物馆有许多其他时期的这种装饰图案,比如有几件笔筒,其中一部分所使用的青花料就属于明早期,另一部分则属于明晚期。还有一些 16 世纪至 19 世纪的福建瓷器。

尤摩弗帕勒斯的收藏中,带正德款和阿拉伯铭文的青花瓷有两件:一件瓜形香炉和一件圆盒,两者的风格均与大英博物馆收藏的正德瓷非常相近。他收藏的另一件作品（插图 31）,是一件造型优美的龙形把手执壶,因胎体、釉面、青花料风格与带有款识的那组相近,而被列为同一时期。这件执壶底部平坦,与藏于卢浮宫的螭龙双耳花瓶（插图 32）一致。这两件作品有很多相似之处,但后者是用混合青料画的,似乎更符合宣德的风格。不过,毫无疑问,这件器物留存了很久。

插图 31

明正德青花执壶,饰龙形把手、壶嘴,高 7.25 英寸

乔治·尤摩弗帕勒斯藏

---

① 见 R. L. 霍布森所著 *The Wares of the Ming Dynasty*,第 66 页。——原注

插图 32

明正德青花螭龙双耳花瓶,高 8.75 英寸

恩斯特·格兰迪迪耶藏(卢浮宫)

以上两件样本的特征与斯蒂芬·温科沃斯爵士收藏的一件精美的罐子(插图 33)相符,肩部绘一周如意云头纹,开光装饰下绘一周卷草纹,青花呈色斑驳。这些特征似乎表明,这是一件正德器物,露胎的底足也证实了这一点。胎质细腻,釉里红的成色正如我们所见到的大部分正德器物。不过这件花瓶最突出的特征是四面开光的青花釉里红镂雕花卉纹装饰(显然对应的是四季花卉)。

插图 33

明正德青花釉里红四面开光镂雕花卉纹大罐,高 13.5 英寸

斯蒂芬·温科沃斯藏

虽然这件器物的镂雕设计不同寻常，但沿用的依然是我们熟知的 19 世纪的工艺，但这里的釉里红意义特殊，因为中文文献资料中并没有记载过正德时期的釉里红。这件器物的釉里红质量虽然尚可，但还不及宣德、成化瓷器之美。无论如何，这表明铜红釉仍在大规模使用。温科沃斯先生还收藏了几件颇有意趣的釉里红样本，其中一件是水烟壶，其胎底与上面的大罐一样呈褐色，且仅用釉里红装饰大朵荷花图案。还有两只釉里红花卉纹碗，其中一只碗的装饰为红地白花。这两只碗质地粗糙，釉面有轻微的裂纹，釉里红色调较为暗淡，也许属于嘉靖时期。不过，乔治·素廷的收藏中也有一件带正德款识①的釉里红鱼冰裂碗。

温科沃斯爵士所收藏的花瓶的另一个特点是用黏土线装饰开光镂雕图案的边缘。弗农·维瑟德收藏的一件精美的靶杯上也可以看到类似的堆雕图案。如插图 34 所示，器身呈白色，四面开光镂雕，黏土线环绕开光纹饰堆贴，在方寸之间堆雕出精巧的开光图案。其中：第一个是海水双鱼纹；第二个是人物泛舟图；第三个是竹子图案；第四个是小船图案，但显然已磨损。

靶柄镂空，花口，足底无釉，露胎处明显呈红色。釉汁肥厚，白中泛青。各种特征表明这件器物生产于明初。

插图 34
明正德开光堆雕靶杯，高 4 英寸
弗农·维瑟德藏

大英博物馆收藏的一件正德款回青四方碗可能为真品。以黄色为地，器身四面青花绘嘉靖官窑纹饰图案，即正面龙捧寿字，周身衬以祥云和火焰纹，纹饰以釉下青花描绘。

---

① 这只碗备受争议。其釉里红鱼纹的呈色上佳，且具有明代器物的全部特征，但是其彩绘边饰显然晚于康熙时期，无疑是后来加上去的。——原注

与前朝一样,黄釉与彩绘可以说是最受欢迎的装饰。项氏图谱中展示了两件正德器物①,是图谱中的最新作品。两件皆呈黄色。一个是仿造青铜器头盔形状的祭杯(爵杯),黄釉"色如蒸栗",釉面凹凸不平,形若"鸡皮"。另一件是器型复杂的灯盏,顶部为浅碟,下方有柄,立于站立在龟背底座的凤凰头顶之上。其釉色与前文描述的黄色一致。

而另一类型的正德瓷器,将黄釉与刻花绿彩相结合。就算大英博物馆里并没有带正德款识的真品,但我们通过雍正官窑也对这类器物有所了解,其中包括"仿正德黄地绿彩刻花盘"。后者是一件瓷盘,在制作和工艺上和维多利亚与艾尔伯特博物馆收藏的弘治黄釉盘②相近,同样具有"鸡皮"。内部素白,在胎身上刻画双龙赶珠和祥云,先以娇黄釉为地,再施透明绿彩,这两种彩料直接施于素坯上(插图 35)。

插图 35

明正德黄地绿彩刻龙纹盘,高 7.785 英寸

奥古斯都·弗兰克斯藏(大英博物馆)

在同一收藏系列中还有两件造型相近、款识相同的瓷盘。盘心刻龙纹。除了龙身施半透明绿彩,通体施普通白釉。龙身周围的刻花部分,如龙爪和火焰纹均施白釉并覆一层绿彩。盘心周围的两圈装饰带施绿彩。这种绿彩因年深日久而焕发光彩,与别处描述的嘉靖碗③上的绿色和金色部分所使用的翠绿相同。

毫无疑问,这类器物在 18 世纪初被大量仿制。的确,我们曾见过许多带有乾隆款的样本,但在胎质、釉质、釉彩颜色上有明显的差异。深入研究上述大英博物馆的瓷盘和维多利亚与艾尔伯特博物馆藏的弘治款瓷盘就会发现,我们可以通过底足、胎体以及独特

---

① 见项元汴所著的《历代名瓷图谱》,图 52 和 80。——原注

② 见 R. L. 霍布森所著 *The Wares of the Ming Dynasty*,第 84 页。——原注

③ 见 R. L. 霍布森所著 *The Wares of the Ming Dynasty*,第 105 页。——原注

的"鸡皮"釉,这些特征来识别明代瓷器。有相当多的这一类瓷盘被保存下来,因此收藏家们不必感到不安,这也说明每年都会生产数以万计的御供瓷器①。

大英博物馆的同一组展品中有一件精美的瓷盘,青花绘缠枝莲和龙纹,纹饰精美,青花发色蓝中泛灰,落正德款,并具有该类型的所有特征。实际上,这类工艺精良的明代瓷器当时是供应给朝廷的,值得研究。

维多利亚与艾尔伯特博物馆收藏的一件八角花盆②,表明在素胎上使用透明釉、中低温色釉的装饰在这一时期得到了进一步发展。器身饰宽阔的装饰带,内刻程式化花纹和祥云纹,施黄、茄皮紫、白彩,以透明绿为地,下绘一周蕉叶纹。颈部方框内书"正德年制"四字款。亨利·奥本海姆的收藏③中也有这样的壶,是典型的三彩瓷,素胎用釉料进行装饰。其工艺与拉斐尔先生收藏的花瓶(插图9)所采用的工艺原理相同。这在正德年间并不少见。

这一类型的器物还有一件值得关注,是尤摩弗帕勒斯收藏的八角花盆(插图36)。其仿照钧窑花盆和鼓腹碗的古老工艺,下承卷云形圈足,以松石绿为地,用绿、黄、茄皮紫三色填彩。器内素白,底座呈黄褐色。外口沿下方一周斜向重叠的花瓣装饰在中国瓷器上并不常见。④ 这件器物落正德四字款。洛夫收藏的一件精美的六角花盆(插图37),虽然没有落款,但可以肯定出于同一时期。其以松石蓝为地,刻花部分用茄皮紫、黄、白三色填彩。其中两面饰花卉和枝叶,余下装饰为莲池鸳鸯或白鹭。内壁和足底都施黄釉。

插图 36

明正德孔雀绿地刻花花盆,施绿、黄、茄皮紫三色釉,直径9.5英寸

乔治·尤摩弗帕勒斯藏

① 见 R. L. 霍布森所著 The Wares of the Ming Dynasty,第106页。——原注
② 见项元汴所著的《历代名瓷图谱》,图66。——原注
③ 见《乡村生活》(Country Life),1920年10月30日刊。——原注
④ 这种图案在素廷收藏的一件盖罐上出现过,施红绿彩。见项元汴所著的《历代名瓷图谱》,图80。——原注

插图 37

明正德彩釉刻花花盆,高 6.25 英寸

J. 洛夫藏

通过这类器物,我们欣赏了明代三彩瓷的精品之作,而这似乎也是正德时期工匠的独到之处。接下来展示的两件作品均选自巴黎里昂·弗尔德先生的精选收藏。这件花瓶雍容典雅(插图 38),素坯上凸雕五爪龙纹,周身衬以祥云和火焰纹,以深蓝紫为地,杂以松石蓝,唇口内沿施黄釉,底书正德款。

插图 38

明正德深青地花瓶,高 9 英寸

里昂·弗尔德收藏

另一件是圆柱形笔洗(插图 39),无落款。通体绘莲纹和海水纹,黄地,填松石蓝、深紫、白釉,内壁和底部均施绿釉。在奥本海姆的收藏中,有一件类似的圆柱形笔洗,可以进一步帮助我们理解这组作品。与其他器物不同的是,这件底足露胎,因此我们可以看出明初胎体的质量。胎质细腻,露胎处呈褐色,其精细的特性丝毫不受影响。明初瓷器的特点就是胎体精细油润,而明后期比较少见,可能是因为麻仓①土矿藏已告竭。插图40也来自奥本海姆的收藏,虽然属于"掐丝珐琅"风格,但从胎体和釉面的质量来看,无疑出自正德朝。

插图 39

明正德黄地刻花缠枝莲笔洗,施松石蓝、深紫、白三色釉,高 3.5 英寸

里昂·弗尔德藏

插图 40

明正德深青地彩釉镂雕笔筒,高 8.25 英寸

亨利·奥本海姆藏

---

① 见 R. L. 霍布森所著 *The Wares of the Ming Dynasty*,第 105 页。——原注

大量证据表明,15 世纪波斯和埃及与中国瓷器贸易频繁。我们可以推测,随着时间推移,通过这些途径进入欧洲的瓷器数量会稳步增长。欧洲人在 15 世纪的最后 25 年,辗转到达了印度。1497—1498 年,瓦斯科·达·伽马(Vasco da Gama)带领他的船队到达了卡利卡特。从这时起,欧洲与东方的直接贸易稳步扩大,越来越多的欧洲船只抵达印度洋,并逐渐向东开拓。直到 1517 年,费尔南多·佩雷斯①(Fernando Perez)终于到达了中国海岸。

与此同时,在印度沿海和东印度群岛的众多港口仓库里都发现了中国商品,在此可以进行丝绸和瓷器的自由交易。杜阿尔特·巴尔博扎②(Duarte Barbosa)于 1915 年拜访了印度雷内尔(Reynel),即现在的兰德(Rander)的一个商人家里。关于这次访问,他所写的文章提供了一个非常有趣的视角:"这里的居民拥有很多运载着这些商品的大型船只。无论是谁想要来自马拉卡和中国的商品,都到这个地方来,(这个地方的商品)比其他地方的都好。当地的摩尔人③个个富而不骄,肤色白皙,生性温良。他们衣着光鲜,女性美丽动人,房屋整洁,陈设精致。房子前厅摆满了架子,就像在商店里一样,上面摆放了各种新式的精美瓷器。"④毫无疑问,在巴尔博扎到访印度前,该港口和其他印度港口的贸易已经进行了多年,并且在此后很长一段时间内仍在继续。当然,其中大部分是进口贸易,货物经由外国商人运往埃及、波斯或欧洲。不过印度自然吸收了大量的中国商品。比贾布尔的遗址中发掘出成千上万的瓷器碎片,收藏家们仍能在这个国度寻到古瓷。一般来讲,印度收藏家的收藏主要为年代相对较晚的器物,但许多外销的明代青瓷和青花瓷精品均是通过这一路径抵达英国的。比如,1910 年在伯灵顿美术俱乐部举办的展览中有一个哈尔西夫人借出的颇具趣味的收藏系列,代表了不同的时期,有一两件可能是 15 世纪的。我们还是要提到在印度发现的器物类型⑤,现在,我们不得不重复一段经常被引用的话(摘自 1524 年奥地利的玛格丽特⑥收藏清单⑦),其中包括:

一件青花大罐,上面绘有两只银色羔羊。

另有两件小瓷罐。

六个盘子和碗以及盐罐,有几种瓷器。

另有两件带镀银盖子的青花瓷壶。

① 费尔南多·佩雷斯(?—1552),葡萄牙官员。——译者注
② 哈克卢特学会,第 2 辑,卷 44,第 147 页。——原注
③ 摩尔人(西班牙语:Moro)是指中世纪时期入侵欧洲伊比利亚半岛、西西里岛、撒丁岛、马耳他、科西嘉岛、马格里布和西非的穆斯林居民,大多为柏柏尔人,也有阿拉伯人和犹太人。——译者注
④ 显然,这一美好的地方于 1530 年被葡萄牙人摧毁。——原注
⑤ 见 R. L. 霍布森所著 The Wares of the Ming Dynasty,第 139 页。——原注
⑥ 奥地利大公玛格丽特(1480—1530),罗马帝国皇帝马克西米利安一世之女。——译者注
⑦ 参见拉伯德(Laborde)的《词汇表》(Glossaire);还可参见约瑟夫·马里亚特(Joseph Marryat)的《瓷器史》,第 241 页。——原注

一件美丽的白色瓷杯,杯盖上绘人物纹样,有男人,亦有女人。

毋庸置疑,这些瓷器来自中国。我们可以想象得出来,它们是带两个银柄的青花大罐、盘子、碟子、青花镀银瓷壶(可能类似插图 41 的波斯风格),以及人物图案高足杯。盐罐的出现非常有意思。盐罐并非出自中国。如果早在 1524 年欧洲的器物就已经被中国陶工模仿,那的确很不可思议。不过那也许并不是盐罐,而是被欧洲人改造成这种用途的小罐。的确,在素廷的收藏中有一件六方笔筒,下承四狮圈足,模印的线条非常接近都铎时期的银质盐罐。但这件别出心裁的作品的青花是万历时期的风格,比上述瓷器晚了将近一个世纪,而且显然是在欧洲与中国交往更加频繁的时候。

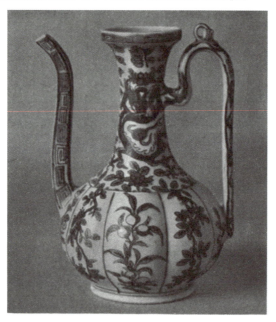

插图 41

明万历青花五彩瓜棱执壶,颈部绘正面龙捧"万寿"图,下部绘缠枝花果纹,高 6.75 英寸

奥古斯都·弗兰克斯藏(大英博物馆)

从丢勒①的《安特卫普日记》②中,我们可以窥见当时欧洲瓷器的发展。他在日记中写道,1520 年的某一天,他与一位葡萄牙人共进早餐,并送给他三件瓷器作为礼物。一年后,他与房东先生 Lorenz Stercken 共进晚餐后,对方送给他一件象牙烟斗和一件精美的瓷器。

———————————

① 阿尔布雷特·丢勒(Albrecht Dürer,1471—1528),生于纽伦堡,德国画家、版画家及木版画设计家,文艺复兴时期欧洲杰出画家。——译者注

② 奥斯本(Osborne)版本,第 69 和 86 页。——原注

第八章　嘉靖（公元 1522—公元 1566 年）

相对而言，我们对明晚期官窑所掌握的信息更充分。《陶说》中有关嘉靖朝的瓷器的描述，均引自天启年间刊行的《博物要览》和 1591 年刊行的《事物绀珠》。除此以外，《浮梁县志》中还详细记录了自嘉靖八年（公元 1529 年）以来每年为朝廷御制的瓷器，这些清单构成了宝贵的品种目录。S. W. 卜士礼所著的《东方陶瓷艺术》①对《陶说》中引用的两份清单进行了总结，我们可以通过它们来学习了解。

当时御器厂裁革中官，于各府佐轮选一员管理。1565 年，朝廷要求驻厂督陶。

通过《博物要览》我们得知，当时的瓷器生产包括各式各样的青花瓷和五彩瓷，有小白瓯，内刻茶、酒、枣汤、姜汤字样，这些属于嘉靖皇帝经箓醮坛用器。书中补充道，这些也叫白坛盆，但质料不及宣窑。其余值得一提的器物是三色鱼扁盏②、铜钱大小的朱砂盒，皆为当世珍宝。这些青花小瓷盒，图案绘制精美，就连后来的官窑也难以企及。

《陶说》记载了嘉靖坛盏无法与宣德坛盏媲美的一个合理原因，即饶州土质正在逐渐恶化，所以无论是青花瓷还是五彩瓷，抑或是纯白瓷，都无法与前朝相比。书中记载，当时麻仓土矿藏已告竭，而麻仓土是最佳的制胎原料。值得注意的是，另一本权威著作③对万历十一年（公元 1583 年）的情况做了同样的描述。

与前朝相比，另一个不足在红釉装饰方面。《事物绀珠》中记载，"鲜红土"已竭。由于无法制作出经典朝代光彩夺目的釉里红，如鲜红、宝石红④，陶工们不得不使用从铁中提炼的釉上红彩（矾红），"惟可烧矾红色"。《邑志》称："嘉靖二十六年，上取鲜红器，造难成，御史徐绅奏以矾红代。"

因为"鲜红土"供应渐竭是问题的根源，所以有必要了解它的本质含义。"鲜红土"指用于制作釉里红的氧化铜，这一说法不足为信，更有可能是指某种含铁的黏土。陶工

---

① 见 S. W. 卜士礼所著的《东方陶瓷艺术》(*Oriental Ceramic Art*)，第 223 – 226 页。——原注
② 对于这些器物的描述，有三个限定性形容词比较晦涩难懂，分别是磬口、馒心、圆足。磬口，可能是指口如锣或磬。馒心，显然是指碗心凸起，形似馒头。但是圆足有不同的解释，即足带外缘或圈足，并没有特别明显的特征。它与大英博物馆收藏的一件瓷碗器型相近：浅腹、撇口，中间凸起，无圈足。见插图 42。汉字可见原著第 227 页。——原注
③《邑志》，引自《陶录》。见 R. L. 霍布森所著 *The Wares of the Ming Dynasty*，第 130 页。——原注
④ 见 R. L. 霍布森所著 *The Wares of the Ming Dynasty*，第 61 页。此外，维多利亚与艾尔伯特博物馆有一件精美的长花觚，带龙柄，装饰嘉靖回青缠枝百合纹和八卦纹，绘一周深色釉里红蕉叶纹。它无疑是一件明代花瓶，基本可以推断属于嘉靖年间。卢浮宫里有一件类似的花瓶。——原注

们通过实践经验，发现这种黏土与器物结合后，可以呈现红色①。中国人靠经验敏锐地察觉到鲜红土供应已断绝，而找到另一种可以替代的原料则可能需要很长一段时间。

因此，引用《陶说》中的内容：就在"鲜红土"断绝的时候，回青恰好开始供应。这也是运气使然。从《事物绀珠》我们了解到，"嘉靖窑，回青盛作"。《陶说》还补充道："青器，宣青尚淡，嘉青尚浓。"

项元汴当时生活在嘉靖朝，但显然他认为当朝瓷器过于现代，不适合收录在他的图谱中。不过，庆幸的是，这一时期的器物有许多保留了下来。我们可以通过收集大量的样本，掌握它们的特征。例如，维多利亚与艾尔伯特博物馆收藏的一件花瓶②，绘深色回青龙纹，辅以缠枝莲纹作边饰，深色回青如墨紫。大英博物馆收藏的一件小巧精致的八方笔筒③，形状像一件调味瓶，青花发色与上文器物一致，侧壁主题纹饰绘孔子的生活场景，上方绘狮纹。两件均落嘉靖款，后者胎质洁白细腻，并无恶化痕迹。

据了解，我们的收藏中没有著名的白坛盏。维多利亚与艾尔伯特博物馆藏有一件镶欧洲金属底座的白色浅腹碗，可能属于嘉靖时期。但是，因碗心圆形开光内绘青花海水飞马纹，故它并不是一件单色釉器。至于浅盏，我们可以推测，它与青花和五彩小酒杯类似。在一些收藏中可以看到这类样本，比如插图 42 所示的浅碗，鼓腹，凹底，无圈足。

插图 42

明嘉靖回青绿地描金彩缠枝莲纹浅碗，直径 4.75 英寸

奥古斯都·弗兰克斯藏（大英博物馆）

---

① 见 R. L. 霍布森所著 *The Wares of the Ming Dynasty*，第 62 页。——原注

② 见 R. L. 霍布森所著《中国陶瓷》第 2 卷（*Chinese Pottery and Porcelain*, *Vol.* 2），图版 72。1550 年左右，Galeotto Perera 在描述他在中国的见闻时提到了进口的回青料："一些鞑靼人和莫戈尔人（Mogorites）把珍贵的青料带到了中国。"见哈克卢特所著的《珀查斯朝圣之书》，第 11 卷，第 591 页。——原注

③ 见 R. L. 霍布森所著《中国陶瓷》第 2 卷（*Chinese Pottery and Porcelain*, *Vol.* 2），图版 77。——原注

　　这件器物引人入胜,内壁绘一周翠绿釉描金彩莲纹装饰带,碗心青花绘仙鹤和云纹,青花风格是嘉靖时期的回青。外壁青花绘折枝桃枝和小鸟。落款"长命富贵",当时很多器物上都落此款识。内壁上的绿釉可能是《陶说》里提到的御制瓷器清单①中的翠绿。大英博物馆的另外两件圆腹碗上也施这种釉彩,其中一件后来加上了伊丽莎白时代的金属底座②。

　　将这两件碗和同一收藏系列的其他瓷碗放在一起对比,十分有趣。它们的器型基本相近(插图 43):圆腹,碗底通常微凸③,当然,这就意味着下底是凹进去的。这可能就是中国文人所指的馒头底,即馒心。其装饰风格丰富多样,最常见的类型是在矾红釉上描金彩④缠枝莲纹。碗心通常是青花人物图,或者口沿内下方绘一周菱花边饰带。

插图 43

明嘉靖青花五彩白鹭莲池纹碗,饰 16 世纪奥格斯堡金属底座,高 4 英寸

R. F. W. 贝莱特藏

　　器物外壁的红彩在成色和质地上各不相同。有时是莹润透明的番茄红,且富有光泽,宛如红釉;有时是暗砖红,釉面流动性较差,不透明。但无论哪一种,都能看出笔触的线条,仿佛陶工们一边转动转盘,一边用笔刷釉。这种红色叫矾红,是一种从铁中提取的釉上彩,据说在这一时期取代了历史悠久的釉里红。这是釉上五彩使用的红色,其颜色差异很大程度上取决于助熔剂的浓度。

　　明代瓷器上的釉均具有一定的流动性。如前文所讨论的碗,矾红用作釉料时,流动性更强;当用作釉上彩与绿、黄、茄皮紫三色搭配时,流动性稍弱。但即使在后一种情况

---

　　① S. W. 卜士礼译,见 R. L. 霍布森所著 *The Wares of the Ming Dynasty*,第 150 页。——原注
　　② 见 E. 狄龙所著的《瓷》(*Porcelain*),图版 5。——原注
　　③ 红釉碗底微凸,与之相反,亦有微凹的器型[见 R. L. 霍布森所著《中国陶瓷》第 2 卷(*Chinese Pottery and Porcelain, Vol 2*),图版 74],不过年代可能更早。见 R. L. 霍布森所著 *The Wares of the Ming Dynasty*,第 48 页。——原注
　　④ 这一时期的描金并不总是贴金,明代瓷器上也可见到用笔刷所绘的描金图案。——原注

下，流动性也很强，以至于通常因年深日久而焕发光彩。而康熙和后世的瓷器的红色通常是珊瑚红，是一种相对稀薄和干性的彩料，与明代瓷器所特有的、富有光泽的番茄红或暗砖红截然不同。

说回碗，另一种更为少见的类型在前文已经讨论过，碗外壁施透明的翠绿釉而非红釉，内壁装饰与前文所述碗相近。德累斯顿国家艺术收藏馆有几件属于另一种类型，碗外观呈淡天青色，无疑是御供瓷器中的天青碗。

还有第四种碗，器型和款识非常相近。代表性器物是大英博物馆收藏的一件白釉碗（插图44），碗内壁釉下化妆土刻划网纹，这种装饰方法叫"暗花"，或者"秘密装饰"，御供瓷器中曾提及。碗外壁有三处松石绿和蓝釉团花纹，外部用红彩勾勒轮廓，上面镶嵌了珠宝①，可能是印度或波斯人后来加上去的。圈足外墙施一周松石蓝釉，上有描金彩痕迹。这些碗至少有两种，即红釉碗、绿釉碗，一定是在16世纪传到欧洲的，因为已知的几件样本配有伊丽莎白时代的银质底座②。毫无疑问，如众多明晚期的瓷器一样，这一风格也被日本人纷纷模仿。从大英博物馆的伊万里瓷器上就能找到这些碗的风格特点，就如同人们看到永乐善五郎③（Eiraku）等人19世纪初制作的京都瓷器上的红地描金彩图案④。

插图44

镶嵌珠宝的碗足，落款"万福攸同"，直径4.5英寸

奥古斯都·弗兰克斯藏（大英博物馆）

这类红釉器的另一种类型如插图12所示。这是一件靶杯，靶心中空，杯外饰深红釉

---

① 在凯瑟琳·康斯坦布尔夫人（公元1591年）的遗嘱中有这样一条："我的瓷杯镶有宝石，不会装毒药。"——原注

    威斯特摩兰伯爵，亨利·内维尔的女儿，约翰·康斯特布尔爵士的第二任妻子。——译者注

② 见《乡村生活》（*Country Life*），1920年10月30日刊。——原注

③ 永乐善五郎，是日本茶道"千家十职"中的烧物师。其家族是日本京都声名显赫的陶艺世家。——译者注

④ 即日本的"金襕手"，意为金丝锦风格。——译者注

描金彩缠枝莲纹,红釉不透明。正如大多数情况一样,金彩部分因年代久远而剥落,复制品也难以再现其原貌。

到目前为止,前文中提到的 1546 年和 1554 年的御制瓷器清单,是从中文文献中收集到的有关嘉靖瓷器最翔实的描述了。

我们从这些清单中不仅可以了解到官窑产品的数量以及各种器型,还可以了解到当时所采用的装饰风格,包括釉色和纹饰。

1554 年的御供瓷器中包括青花龙纹碗 26350 件、瓷盘 30500 件、酒杯 6900 件、大龙缸 680 件、茶杯 9000 件、碗 10200 件、其他图案的茶杯 19800 件,另有爵杯 600 件、执壶或酒壶 6000 件。

具体的御用器物归为以下几大类,如大龙缸、盖罐、敞口罐、各种尺寸的碗、茶碟、茶杯、酒碟、酒杯、花瓶、执壶等。关于器型,还有很多想象的空间。不过据我们了解,有一些是八棱罐,而且爵杯(通常是仿古代青铜器,形状类似头盔,有三足)配有山形爵托。祭器包括:高足碗 80 件,用于供奉点心、水果等;泰尊[1] 6 件,圆腹,兽首把手;犀尊 6 件;犀牛背驮宝瓶。全部是我们以往见过的明晚期器型。

一整套相同器型和纹饰的餐具在明代是新鲜事物,但在嘉靖时期,显然已经是不可或缺的,因为在 1544 年的御供瓷器中有不少于 1340 套桌器,一套包括 27 件[2]:果碟 5 件,菜碟 5 件,碗 5 件,碗碟 5 件,茶盅 3 件,酒盏、酒碟、渣斗、醋注各 1 件。《陶说》中引用的清单,将不同的器皿分为:

1)青花(青花白地)。

2)青碗,包括天青、翠青[3]。品质最佳者(头青),无疑是本书第 72 页提到过的佛头青。蓝地上装饰着各种图案。大部分可能是在坯体上刻花(暗花),如插图 45 和插图 46。但在另一种情况下,工艺更加复杂,即"纯青里海水龙,外拥祥云地,贴金三狮龙等花盘"。

3)第三类由碗和杯组成,里白外青。德累斯顿国家艺术收藏馆的碗[4]与上述描述相符。我曾在古开罗一废料堆看到过一块类似的瓷片。

4)白瓷,包括甜白瓷和在釉下坯体上或白色泥浆上刻花的瓷器,后者的装饰手法叫作暗花。

5)酱色釉[5]分为两种,紫金釉(富有光泽的枯叶棕)和金黄釉(金棕色),基本上都有

---

① 古代祭祀用的大酒杯。——译者注

② 见 R. L. 霍布森所著 *The Wares of the Ming Dynasty*,第 23 页。——原注

③ 见 R. L. 霍布森所著 *The Wares of the Ming Dynasty*,第 227 页。——原注

④ 见 R. L. 霍布森所著 *The Wares of the Ming Dynasty*,第 105 页。——原注

⑤ 紫,指的是紫色或酱棕色;紫金,指的是红金色。虽然紫更接近"茄皮紫",但是 S. W. 卜士礼将这种釉色与人们熟悉的富有光泽的酱釉色联系起来,无疑是正确的。见 R. L. 霍布森所著 *The Wares of the Ming Dynasty*,第 227 页。——原注

釉下刻花图案。

6）杂色瓷器，有取代鲜红釉的矾红碗、碟，翠绿碗、碟，青地闪黄①鸾凤穿宝相花碗，黄地闪青龙云花瓯，黄花暗龙凤花盒②，紫金地闪黄双云龙花盘、碟，素穰花钵③。

在脑海中构想这些器型并不难，实际上我们可以通过现存的收藏来说明大多数类型。我们的收藏中有各种各样的青花瓷，有若干或深或浅的青色——德累斯顿收藏中的天青碗；奥本海姆先生的花瓶（插图45）、维多利亚与艾尔伯特博物馆藏的大盘、温科沃斯先生收藏的一件瓷罐，上面的青色深厚柔和，可能是清单中的"头青"，它们均有暗花装饰。奥本海姆先生收藏的一件小碗，青色深沉斑驳，看起来像釉上彩。尤摩弗帕勒斯藏的一件精美的单色釉花瓶④和让·索法尔先生收藏的花瓶（插图46）施翠青釉或松石绿釉。这两件器物均有暗花装饰。

插图 45

明嘉靖青花暗花龙纹瓷瓶，绘祥云纹，高 11 英寸

亨利·奥本海姆藏

---

① 见 R. L. 霍布森所著 *The Wares of the Ming Dynasty*，第 227 页。——原注

② 黄花暗龙凤花盒，也适用于黄地（白地）刻花龙凤纹图案。见 R. L. 霍布森所著 *The Wares of the Ming Dynasty*，第 227 页。——原注

③ 素穰（ráng）花钵，见 R. L. 霍布森所著 *The Wares of the Ming Dynasty*，第 227 页。素，指素色或素白，也指单一色釉；穰，指纷繁的纹饰，S. W. 卜士礼将其译为"embossed"。这个词语较晦涩，可能指人物浮雕碗（钵）（参照插图 76）或在白色胎体用白色化妆土绘锦地纹的碗（钵）。——原注

④ 《1910 年伯灵顿美术俱乐部中国早期陶瓷展览图录》，图版 56。——原注

明代陶瓷器物（The Wares of the Ming Dynasty）

插图 46

明嘉靖翠青釉荷叶盖罐，黄釉盖钮，高 15 英寸

让·索法尔藏

　　蓝地贴金狮龙祥云纹或许不易辨认，除非其描述同插图 47 一致，原本就有描金彩的素坯上绘有蓝地白花龙纹。我们也未找到带嘉靖款的金黄釉瓷，但这一类型的器物在后世比较常见。大英博物馆藏的一件金黄釉刻花龙纹碗，釉面富有光泽，落成化款。

插图 47

明嘉靖蓝地白花龙纹祭瓶（红釉描金彩），高 10.5 英寸

亨利·奥本海姆藏

在杂釉彩中,基本上每一种器型都能找到样本,甚至还会超出清单上所列的器物,红、绿彩碗在前文已介绍过。奥本海姆先生藏有一件精致的带落款的黄地青花方形碗,外壁青花绘龙纹和缠枝灵芝纹,内壁施黄釉和寿字图案(插图48)。插图49是尤摩弗帕勒斯收藏的一件类似配色的爵杯(可惜不带爵托)①。后者的收藏中包括一件黄地青花方形碗,青花绘松树、竹子、梅花、灵芝。当然,这三种情况下的青花都是釉下彩,而黄釉为釉上彩。不过这件方形碗的底足是在素坯上施黄彩,所以在这件器物上可以见到两种黄釉装饰。

插图 48

明嘉靖黄地青花细龙纹四方碗,内书"寿"字,长 5.25 英寸

亨利・奥本海姆藏

插图 49

明嘉靖黄地青花云龙纹爵杯,高 4.125 英寸

乔治・尤摩弗帕勒斯藏

---

① 见 R. L. 霍布森所著 *The Wares of the Ming Dynasty*,第 106 页。——原注

之后的器物样本上常见黄地刻花龙凤纹瓷盒,但尚未出现酱地黄彩①瓷盘。此外,还有其他杂釉彩:

（a）黄地矾红彩,如插图 50 中的小方碗、科隆博物馆收藏的一件精美的龙纹罐②、洛夫收藏的两件瓷罐等。

（b）红地绿彩,如大英博物馆收藏的矾红地绿彩开光狮纹碟、洛夫收藏的一件类似的凤纹碟。

（c）绿地红彩,如格兰迪迪耶收藏的一件缠枝莲纹葫芦瓶,以及维多利亚与艾尔伯特博物馆中布洛克萨姆收藏的另一件葫芦瓶。插图 51 中的这件精美的瓷盘上也有相近的

插图 50

明嘉靖红地黄绿彩鱼藻纹小方碗,内饰鱼纹和卷草边纹,长 5 英寸

乔治·尤摩弗帕勒斯藏

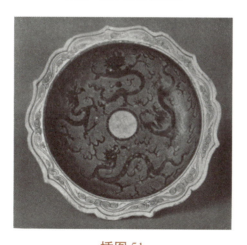

插图 51

正德或嘉靖翠绿地红彩戏珠云龙纹瓷盘,红釉描边,直径 9 英寸

乔治·尤摩弗帕勒斯藏

---

① 酱地黄彩,高温紫金釉与釉上黄彩相结合的彩瓷品种,流行于嘉靖年间,也称"紫金地黄"。——原注

② 见 R. L. 霍布森所著《中国陶瓷》第 2 卷（*Chinese Pottery and Porcelain*,*Vol.* 2）,图版 70。——原注

配色,但未落款。这是一件具有典型明朝风格的花口盘,内外壁均绘有红绿彩龙纹,白地折沿处描红,底足未施釉。

（d）格兰迪迪耶收藏的另一件绿地青花描红莲纹瓶,同系列中还有一件黄地蓝红彩卷叶纹葫芦瓶。

（e）松石绿地与茄皮紫的搭配在后世的器物上很常见,因此我们比较熟悉。不过这类样本中有一件精美绝伦,别致罕见,即收藏于维多利亚与艾尔伯特博物馆的嘉靖款刻花龙纹瓷盒。

嘉靖深色青花虽不常见,但在许多收藏中都可以见到它的佳作。斯蒂芬·温科沃斯爵士收藏的一件大罐上青花绘熟悉的娃娃主题（婴戏纹）,其青花是典型的嘉靖朝的回青。奥本海姆的收藏（插图52）体现了明代最受欢迎的器型和精湛的绘画技法以及嘉靖青花。这是一件葫芦瓶,绘有象征长寿的图案——鹿、鹤、桃、松,颈部写"寿"字。插图53是洛夫收藏系列中一件精美的缠枝莲纹青花大龙缸,颜色属于典型的嘉靖青花。这件器物非常引人瞩目,器型硕大无比,线条流畅简洁,青花图案艳丽浓烈。通过插图42中的浅碗内饰,可以窥见嘉靖青花的成色。

插图 52

明嘉靖回青寿字葫芦瓶,高 17.5 英寸

亨利·奥本海姆藏

插图 53

明嘉靖回青缠枝莲纹青花大龙缸,直径 30.5 英寸

J. 洛夫藏

当时御器厂工匠的当务之急就是烧制出大龙缸。关于烧造的具体细节和要求已在另一章①中详述。显然,明朝末年推崇大器成为陶工们棘手的难题,时有抗议声讨②。《陶说》记载,万历年间,由于大龙缸的烧造年复一年,久不成功,陶工们惨遭迫害,其中一个名叫童宾的陶工纵身跳入窑内,以骨作薪。正是由于他的牺牲,大龙缸在开窑时出奇地完美,童宾最终被神化为"风火仙师"。

18 世纪初,御窑厂的督陶官唐英曾描述他是如何找到一件不完整的青花鱼缸的。外壁下方绘海水,龙纹形态凶猛。当时童宾正因为这个缸被逼无奈而纵身火海。这个缸直径 3 英尺,高 2 英尺。这一尺寸已经接近极限了。因为清朝初年曾下令要求制作高 2.5 英尺、直径 3.5 英尺、器厚 3 英寸、底厚 3 英寸的大缸,陶工们苦熬四年,没有烧造成功,最终说服皇帝收回了成命。

鱼缸的器型并非如插图 53 所示那么简洁大方,通常是弧腹,如同普通的带圈足的碗;又或者是钵形,如大英博物馆里的一件精美的碗,青花釉里红绘水藻和鱼,鱼儿绘制得栩栩如生,在水中游来游去。

其他嘉靖青花瓷可见插图 54 和插图 55 中的两件瓷盒。其中一件是圆形的,绘有凤穿缠枝莲纹,这种图案设计是专供皇后使用的,落嘉靖款。另一件是方形的,盖子上绘有典型明代风格的人物题材,器底落款"禹门"二字。虽然这两件器物青花呈色尚好,但没有那么浓翠艳丽。显然嘉靖时期的青花色泽深浅同其他时期一样丰富。实际上,就更普通的外销瓷而言,嘉靖青花瓷与万历青花瓷相差无几,其中有一些嘉靖时期的外销瓷加上了这一时期的金属底座。

---

① 见 R. L. 霍布森所著 *The Wares of the Ming Dynasty*,第 19 页。——原注

② 见 R. L. 霍布森所著 *The Wares of the Ming Dynasty*,第 130 页。——原注

插图 54

明嘉靖青花凤穿缠枝莲纹瓷盒，直径5.5英寸

亨利·奥本海姆藏

插图 55

明嘉靖青花人物纹瓷盒，落"禹门"款，长4.125英寸

斯蒂芬·温科沃斯藏

关于嘉靖时期的瓷器出口贸易规模，一篇写于1563年、有关中国和马六甲海峡之间沟通往来的文章①中提到，"各式造型的器物数不胜数"。这位作家还谈到了波斯的陆路贸易："因为每年都有大量车队从波斯到中国，大约需要六个月的时间。"

---

① 哈克卢特著，人人文库出版社（Everyman's Library）出版，第3卷，第233页。——原注

第九章　嘉靖（续）和隆庆（公元 1567—公元 1572 年）

嘉靖（续）

"五彩"一词并未在已出版的两份嘉靖御供瓷器清单中出现过,或许"杂色"一词足以涵盖嘉靖时期所有的五彩瓷。毋庸置疑,嘉靖朝延续了前朝烧造的各种类型的器物,如用中温色釉填彩的掐丝珐琅和素胎彩绘风格的瓷器。

例如,插图 56 所示的精致香炉,与插图 60 中有确切年份的香炉,器型非常相近,可以证实上述观点。无论如何,这件器物属于 16 世纪上半叶。最引人入胜的部分是两侧的镂空开光(一面镂空设计为云鹤图案,施淡黄釉、翠绿釉、白釉等,另一面为麒麟图案),精美的松石绿地也毫不逊色。内壁饰黄釉,象耳饰翠绿釉和白釉。

插图 56

正德或嘉靖彩釉镂空象耳炉,开光内饰仙鹤和麒麟,直径 8 英寸

埃文·查特里斯藏

正德朝的装饰风格,即在素胎上刻划图案,然后罩一层透明的颜色釉,同样也流传了下来。可以参见大维德收藏的一件精美的黄地绿彩暗刻瓷碟(插图 57)。此处设计大有可观,桃树本身就是长寿的象征,其树干巧妙地盘绕成"寿"字。维多利亚与艾尔伯特博物馆中,布洛克萨姆收藏的一件青花瓷瓶上,可见同样的设计。

此外,还有一系列低温釉彩瓷,用褐彩勾勒轮廓,通常落嘉靖款。这一系列主要是碗,以黄、绿、茄皮紫三色为地,纹饰图案以互补色填充,并辅以青白釉。实际上,这是康熙素胎施彩的配色,但部分嘉靖款瓷碗,罩一层普通的白釉,胎底未施釉。

插图 57

明嘉靖黄地绿彩刻花瓷碟，素坯施颜色釉，开光内绘桃树盘曲"寿"字，直径 5.75 英寸

波西瓦尔·大维德藏

　　大维德收藏中有一件代表性器物，如插图 58 所示，外壁饰罕见的佛教罗汉像。这类碗的图案一般是四季团花纹，同大维德爵士收藏的碗内壁的图案一样。其他较少见的图案有飞鹤纹①（大英博物馆收藏）、凤穿牡丹纹②（奥本海姆收藏）以及狮纹（尤摩弗帕勒斯收藏）。这组系列中有一件不同寻常，即卢浮宫中格兰迪耶收藏的狮面双耳瓷罐③，绘缠枝牡丹狮纹，黄地加白绿彩。此外，还有釉下青花的图案，这说明其彩绘装饰施于釉上。

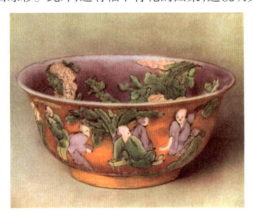

插图 58

明嘉靖青花素胎彩绘碗，外绘十八罗汉山水图，内饰茄皮紫地缠枝花卉纹，直径 7.5 英寸

波西瓦尔·人维德藏

---

① R. L. 霍布森所著《中国陶瓷》第 2 卷（*Chinese Pottery and Porcelain*, *Vol.* 2），图版 71。——原注

② R. L. 霍布森所著《中国陶瓷》第 2 卷（*Chinese Pottery and Porcelain*, *Vol.* 2），图版 73。——原注

③ 见马奎特·德·瓦塞洛（J. J. Marquet de Vasselot）与巴洛特（Mlle M. J. Ballot）所著的《卢浮宫藏中国瓷器》，插图 30。——原注

前者 1922 年时任卢浮宫博物馆助理馆长。——译者注

素廷收藏中有两件折枝花卉纹碗，色地所施颜色略有不同。正如所有上乘的明代器物，此类型一直以来被后世不断模仿，在清朝雍正时期尤其盛行。

在比较常见的白地五彩器中，明代最别具一格的"红绿彩"风格，无疑出自嘉靖年间。其中红彩和绿彩为地，搭配酱黄釉和松石绿釉，后来蓝釉代替了松石绿釉。我们在具有嘉靖风格的造型和胎质的碗上看到了上述配色，如大英博物馆藏的双层温碗，外饰描金红彩团纹，内饰彩绘人物主题，底书"长命富贵"款识。

R. F. W. 贝莱特收藏的一件令人赏心悦目的浅腹碗（插图 42）上可见具有嘉靖特征的釉色，尤其是矾红和松石绿。松石绿釉对鉴定明代五彩器非常重要。这件器物仅少量施用，因此很难描述。纹饰开光内绘鸟儿，局部施松石绿釉，搭配红釉和明代娇黄釉，蕉叶边施松石绿釉。

贝莱特收藏的碗为凹底，在这一时期较为常见。内饰青花装饰，口沿内饰一周网纹（亦是红釉碗①的特点之一），以及白鹭莲池团纹。所绘白鹭惟妙惟肖，洁白的身体在蓝色莲花的衬托下格外醒目。16 世纪后加上去的奥格斯堡时代的底座赋予了这件作品历史意义，代表了早期通过远东贸易来到欧洲的那些器物。

尤摩弗帕勒斯收藏中有一件方形盒（插图 59），也将红绿彩体现得淋漓尽致。盒盖上绘有细致入微的人物主题。器身四周绘有红地白彩莲纹，以及绿地白彩莲纹。盒内饰麒麟纹，盒盖内红彩篆书主人款，底书青花铭文"篆匣便用②"。

插图 59

明嘉靖青花缠枝莲纹碗，长 5.5 英寸

乔治·尤摩弗帕勒斯藏

① 见 R. L. 霍布森所著 *The Wares of the Ming Dynasty*，第 105 页。——原注
② 见 R. L. 霍布森所著 *The Wares of the Ming Dynasty*，第 227 页。——原注

明代陶瓷器物（The Wares of the Ming Dynasty）

      奥本海姆收藏的一件靶杯与插图 12 所示器型相近,采用红、绿、黄三彩绘制四组八仙人物图,辅助纹饰精细考究。素廷收藏的大件红绿彩(局部黄彩)盖罐可谓精美绝伦,其人物主题和辅助纹饰的刻画细腻入微①。

      布洛克萨姆收藏的一件带嘉靖款的样本证明当时会使用上述配色,而插图 60 所示香炉当然更有说服力。尽管装饰略显粗糙,但这件器物上承载着历史信息,因此大有可观。其器型显然是仿青铜器,这也是明代陶匠常用的造型之一。底足露胎处呈褐色。釉面上可见明代器物常有的亮点与瑕疵,如釉汁肥厚和棕眼。釉上红、绿、黄三彩绘双龙戏珠纹,象耳处施瓜皮绿釉,釉色浓厚,且显然是直接施在素坯上的。颈部红彩书铭文,表明这件香炉是在嘉靖甲子年(公元 1564 年)专门献给玄天上帝②的,祈求风调雨顺、国泰民安。

插图 60

龙纹象耳炉,施红、绿、黄三彩,红彩书年款 1564③,直径 6.25 英寸

亨利·奥本海姆藏

      青花与釉上彩绘结合的装饰风格,使用程度虽然不及万历时期,但已使用了整整一个世纪。波尚伯爵夫人收藏的一件精美的鱼藻纹瓷罐,如插图 61 所示,用青花绘水藻,青花是嘉靖时期的回青,枝叶施绿彩,鱼纹呈酱黄色,红彩细节赋予了这件盖罐鲜明独特的风格。卢浮宫中也有类似的收藏,特征是带盖、圆腹。尤摩弗帕勒斯、奥本海姆以及其他收藏中也有类似的收藏。维多利亚与艾尔伯特博物馆内借展厅的布洛克萨姆收藏中有一件瓷罐也有同样的设计,但仅用青花勾勒图案轮廓,颇具特色。

---

① R. L. 霍布森所著《中国陶瓷》第 2 卷(*Chinese Pottery and Porcelain*, *Vol.* 2),图版 80。——原注

② 玄天上帝,又称真武大帝、玄武大帝等,为道教神仙中赫赫有名的尊神。明代是真武大帝声势显赫、民间信仰最为普遍的时期。——译者注

③ 公元 1564 年,即嘉靖四十三年,为甲子年。——译者注

插图61

明嘉靖青花五彩鱼藻纹盖罐,高13英寸

波尚伯爵夫人藏

　　另一章①将详述蓝地堆花和白胎上饰浮雕的装饰工艺,但带嘉靖年款的器物中,有一种装饰风格兼具以上两种特征。在讲到蓝地描金彩②时,我们曾提及这种装饰手法,可参见插图47所示的奥本海姆收藏,为成套祭器中一对花瓶的其中一件。花瓶以深蓝釉为地,饰凸雕龙纹,工艺精湛,白色龙纹是用雕刻工具完成的,余下残迹表明陶工曾经在红彩处描金,口沿处落嘉靖款。1921年春,一件类似的大香炉在巴黎赛努奇博物馆展出,卢浮宫的格兰迪迪耶收藏中也有成套的五件祭器——一只香炉、两件花瓶、两件烛台。1910年,布洛克萨姆夫人曾将一对与奥本海姆收藏相近的花瓶,借给伯灵顿美术俱乐部参展。

　　在探讨御供瓷器中提及的青料时,我们已谈及嘉靖朝的单色釉器。可以说,所有的釉色、"杂彩"和釉上五彩的大部分颜色都曾作为单色釉使用过。我们的明瓷收藏中大部分具有这种特征,但是很多未落款,因此很难断代。然而,其中有一些落嘉靖款的单色釉瓷,值得回顾。

　　奥本海姆收藏的花瓶(插图45)和其他类似的器物中均可见精美的蓝釉,比如维多利亚与艾尔伯特博物馆收藏的瓷碟和温科沃斯收藏的瓷罐。我们发现奥本海姆收藏的一件小碗上,深蓝釉在呈色上接近青金石,质地斑驳,好似凹凸不平的橘皮纹。布洛克萨姆

---

① 见R. L.霍布森所著 *The Wares of the Ming Dynasty*,第159页。——原注
② 见R. L.霍布森所著 *The Wares of the Ming Dynasty*,第108页。——原注

收藏的一件小方罐，其白色釉面接近影青的色调，无疑表明景德镇当时会使用青釉。就中温三彩器而言，大英博物馆藏的一件碗上有透明的茄皮紫釉，另一件则施深黄釉；而奥本海姆收藏的一件敞口瓶上则施浅黄釉。

关于嘉靖时期的纹饰图案，如《陶说》和其他文献所总结的内容，可以参考很多当时的御供瓷器。实际上，文中涉及的种类繁多，如一一详述，恐怕引发读者的困惑。御器厂内很多纹饰图案已经固定下来，留存完好并代代相传，形成体系，因此我们在不同年代的器物上可以见到很多熟悉的纹饰图案。无论谁想要将自己或其他人的收藏编入目录，都清楚准确描述中国纹饰图案的重要性，然而这一点往往困难重重。他们也清楚，人们领会了这些奇特的构图背后所隐藏的意义时，就会对收藏编目有不同的理解。在克服这一难题的过程中，我们会发现御用瓷器虽简略，却不可或缺。

所有的纹饰中，种类最多的属青花纹饰，其中龙纹最多，因为龙是皇权的象征。龙纹有不同的形式，如：双龙赶珠，古时可能象征太阳；赶珠龙；云龙或火龙纹；龙穿竹叶灵芝团纹；团龙菱花或缠枝莲花龙纹；海水苍龙捧八卦；穿云龙；龙捧福寿；龙狮纹、龙凤纹；供皇帝使用的瓷器上有五爪龙纹。

另一类是螭龙，亦称博古龙，与蜥蜴相似，尾巴分叉，尾部通常是传统的卷草纹，多见于古青铜器和玉器。这种纹饰比6世纪初张僧繇[1]笔下的五爪猛龙早了好几个世纪。

除了龙纹，凤纹也是重要的一类。凤是皇后的象征，是一种神话中的禽鸟，"鸡头、燕颔、蛇颈、五彩羽毛，飘逸的凤尾介于野雉和孔雀之间，飞时爪向后翻"。常见图案有凤穿花、凤穿祥云、百鸟朝凤、雌雄成双或盘绕于团簇纹中。

常见的动物纹饰还有狮纹，是传统的狮子狗形象，有许多京犬的特征。它是佛教寺庙的守护神，其前爪[2]踩绣球（绣球代表法宝）并滚动，或者追球嬉戏；有时全速飞奔前进，称作"飞狮"或称"苍狮"，苍的意思是灰白、浅青色，或指古代的猛兽。

其他动物纹饰还有三羊（插图62），象征着三阳开泰、冬去春来。

鸟类纹饰包括鹤纹，通常有穿云鹤和牡丹孔雀纹。

鱼纹也很常见，尤其是四鱼纹，即鲤鱼、鲈鱼（鳜）、鲭鱼（或具有大理石纹路的淡水鱼）以及另一种名为鲌的鲤鱼，它与日本的锦鲤相近。

花卉纹饰数不胜数，包括四季花——春牡丹、夏荷、秋菊、冬梅、松、竹、梅、万花藤等。不过最常见的花卉图案是传统的莲花、西番莲、团菱花、"仙花"（宝相花）、天花、回回花。

---

① 张僧繇，南北朝时期的梁朝大臣，著名画家。他"画龙点睛"的传说颇为脍炙人口。——译者注
② 费尔南·门德斯·平托在描述他于1542年在北京的所见所闻时，注意到门上装饰的狮子，误以为是徽章图案："门上的狮子坐在绣球上，代表中国皇帝的徽章。"参见《珀查斯朝圣之书》，哈克卢特系列，第12卷，第97页。——原注

费尔南·门德斯·平托（Fernão Mendes Pinto，1510—1583），葡萄牙冒险家、游记作家。——译者注

插图 62

明嘉靖或万历青花三阳开泰浅碟，兔纹款，直径 12.5 英寸

维多利亚与艾尔伯特博物馆藏

在这些纹饰中可见波斯风格的花卉纹。大多数花卉纹象征吉祥和其他的含义，如福寿康宁[①]、寿山福海、各式寿字纹。

自然纹饰主要是山水风景，特别是四川瀑布（巴[②]山出水）。更为正式的一种纹饰绘山石与江崖海水纹。[③]

在人物题材中，有婴戏图、戴着面具的宝老会，以及很多道教题材（见下文）。我们也了解当时的人物题材比较贴近世俗生活，包括男人女人题材。中国人偏爱娃娃戴面具和在花园嬉戏的主题，这种纹饰生动活泼、妙趣横生。因此，在大件瓷罐上，我们经常可以看到花园里百子嬉戏的场景：有的在下棋、绘画；有的则在玩风车和木马；有的扮成狮子（可怕的面具后露出婴孩的笑脸）；而有的打扮成戴着盔甲和纱冠的将士，在鼓乐队伍前行进。

还有另一种宝物"如意"。如意头外形和灵芝相似，柄身弯曲。如意，象征着顺心如意，也象征长生不老。如意头的形状，常常应用到主题纹饰、辅助纹饰、云纹中，后者被称为卷云纹、如意云纹、祥云纹。

显然，记录朝廷御用的杰出陶匠不符合当时的规定，我们所掌握的陶瓷历史文献基本上是关于御窑产品的。因此，中国陶瓷史明显缺少杰出人物的影响因素，也就不足为奇。然而，在为数不多的名字中，有两人属于嘉靖朝，而且这两个人都是因仿古瓷而声名显赫。本书提过仿制宋代定窑瓷的周丹泉[④]。另一位是崔公，他的专长是仿制宣窑瓷和

---

① 见 R. L. 霍布森所著 *The Wares of the Ming Dynasty*，第 227 页。——原注

② 巴，古时四川省的旧称。见 R. L. 霍布森所著 *The Wares of the Ming Dynasty*，第 227 页。——原注

③ 该纹饰一般被称为"寿山福海"图案，暗喻道教传说的海中仙山、蓬莱仙岛。——原注

④ 见 R. L. 霍布森所著 *The Wares of the Ming Dynasty*，第 184 页。——原注

成窑瓷。《陶录》中有一段对崔公最详细的描述,标题为崔公窑①。从中我们了解到他生活在嘉靖和隆庆年间,因制瓷技术高超而名声在外。据记载,"嘉、隆间,人善治陶,多仿宣、成窑遗法制器,当时以为胜,号其器曰'崔公窑瓷',四方争售。诸器中,惟盏式较宣、成两窑差大,精好则一,余青花、彩花色悉同,为民窑之冠"。

在《陶录》中引用的另一篇文章②甚至认为"惟崔公窑加贵,然其值亦第宣、成之什一耳"。

而另一篇文章③,或许是出自对当代仿品嗤之以鼻的当代作家,就对其不那么推崇备至了。文中写道:"又有一种名'崔公窑',差大,可置果实。"

尽管如此,我们发现,在短暂的间歇后,依旧对前朝官窑瓷进行仿制,且有一定的市场需求。虽然文字记载较少,根据中国传统,我们可以推测,仿古瓷会模仿年代款识和器物风格,这无疑增加了断代的难度。即使找到一件明代真品,且具备确切的装饰风格和宣德或成化落款,这时候脑海里也可能会浮现崔公的名字,而沉吟不决。当然如有幸得到一件崔公的真品,绝不可能用来装果酱;恰恰相反,如能确定出自崔公之手,我们会不假思索地给出成窑之价。

隆庆（公元 1567—公元 1572 年）

《陶说》有云,"隆庆六年,复起烧造,仍于各府佐轮选管理。"由此可见,曾经有一段时间,御器厂生产停止。另一文献也证实了这一论断。隆庆五年（公元 1571 年）,一位朝廷宦官下令烧造御供瓷器 105770 件,因为"御供短缺",所以要在八个月内完成。由此可见,有一段时期,景德镇每年的御供瓷器生产中断了。由于政令严苛,都御史徐栻大胆奏表,减少约百分之八十的产量,并延长烧造期限;由于鲜红④釉烧法断绝,应用矾红彩瓷器代替;御供的大鱼缸尺寸形状无法烧造;三层方匣等器式样奇巧,一时难造。由此可见,正如成化朝文献记载的那样,当时很多器物式样是由朝廷提供的。这在嘉靖朝也一直延续。

《陶说》中摘录了御用瓷器清单,从中我们发现其器型和纹饰一仍旧贯。尽管我们注意到当时也出现了一些新的装饰纹样,但参酌经验,首次记录于御用清单上并不代表前所未有。

《陶说》中总结的大致为青花瓷,偶尔穿插彩色装饰。新创的纹饰包括:朵朵菊花、玉

---

① 出自《陶录》卷 5 第 9 页。——原注
② 出自《陶录》卷 8 第 4 页引用的明沈氏所著的《敝帚斋余谈》。——原注
③ 出自《陶录》卷 7 第 3 页引用的文震亨所著的《长物志》。——原注
④ 见 R. L. 霍布森所著 *The Wares of the Ming Dynasty*,第 29 页。——原注

簪花(晚香玉或鸢尾花)、长春花(茉莉花)、葵花、四季花捧"乾坤清泰①"字、缠枝牡丹、翟雉、飞鱼、海水兽、淡水纹、波浪纹、梅花纹。人物主题有故事人物、攀枝娃娃。最后一种攀枝娃娃纹有多种形式,例如,婴孩耍于缠枝牡丹花间,最早可以追溯到宋代,又有开光内婴孩握花枝图。另一种形式叫作"喜相逢",S. W. 卜士礼解释其象征着一对喜鹊。但也有山中圣贤相会图,常见于后世瓷器,合乎描述。

青花纹饰中偶有彩色装饰,包括"红云穿凤花(凤霞)""红九龙、青海水""五彩曲水梅花"。明末青花图案中加入釉里红装饰,较为常见,如前两种纹饰。而最为熟悉的是后者(常见于后世器物),白色的梅花漂浮于卷曲的海水之上,施绿彩、茄皮紫彩。其他的梅花海水纹还增添了悬浮图案,或奔腾于海水之上的飞马。

所提及的其他装饰类型有釉下暗花龙纹描金牡丹酒罐(金孔雀牡丹花),并补充道,这些酒罐有盖,狮子样。至少,这是《陶说》文本的字面意思②,尽管 S. W. 卜士礼的解读更具趣味——"盖上饰有模印狮纹",或许是其意译的表达。当然,我们都熟悉素坯盖罐上的浮雕狮钮,如能在明朝御用清单中找到,那再好不过;但无法确定原本的"狮盖"是否符合描述,也许只是一件绘有青花的"狮盖"。同时,这一例子恰好也说明中文文本的模糊性不尽如人意,没有其他文本能够作为对照,也说明意译有一定的不准确性。总体来说,S. W. 卜士礼对《陶说》的翻译,妙绝时人,但仍受上述原因所限。

《陶说》中曾如此评价:"明瓷至隆、万,制作日巧,无物不有。然隆窑之秘戏,殊非雅裁。"

毫无疑问,随着明朝的发展,其器型和装饰的种类越来越多。由于经验有限,我们无法从中国文人笔下证实,隆庆瓷器是否如上述评价所讲日益精进,而且大多数文人墨客认为宣窑和成窑绝佳无上。

隆庆在位时间短暂,我们的收藏中隆庆瓷样本极少,部分原因当然是没有落款,因此很难与前朝或后世的器物区分开来。因此,只有几件罕见的带隆庆款的瓷器,可以判断属于隆庆朝。

其中有两件青花瓷,收藏于大英博物馆。一件是无盖方盒③,胎体厚重,胎质细腻,釉色白中微微泛青。其青花质料上乘,与嘉靖青花不同,绘有庭院母子家庭生活图。另一件是龙凤纹带盖圆盒,其釉面具有特殊的"薄纱"质地,这在万历瓷器和日本特色的伊万里瓷器上比较常见。

尤摩弗帕勒斯藏有一件青花云鹤纹小方盘,青花是嘉靖时期的回青,但落隆庆款。

---

① 见 R. L. 霍布森所著 *The Wares of the Ming Dynasty*,第 227 页。——原注

② 汉字为"有盖,狮子样"。见 R. L. 霍布森所著 *The Wares of the Ming Dynasty*,第 227 页。——原注

③ 见《乡村生活》(*Country Life*),1920 年 11 月 20 日刊。——原注

J.洛夫藏有两件隆庆款五彩瓷,其中一件四方罐具有典型明代风格,如插图63所示,胎体洁白细腻,青花颜色近乎回青,釉上施红、绿、黄三彩。另一件托盘状器皿,属于一套桌器中的一件,装饰风格相近。插图64所示的六方罐是以西结的收藏,绘有凤纹和其他五彩装饰,落隆庆款。

插图63

明隆庆青花五彩开光花果纹四方罐,上下一周绘龙纹和缠枝花卉,高7.5英寸

J.洛夫藏

插图64

明隆庆青花五彩凤穿花六方罐,高10英寸

马格斯·以西结藏

第十章　万历（公元 1573—公元 1619 年）

嘉靖年间，麻仓土渐竭，而万历年间已经告竭。另一种优质瓷土复采于吴门托，运输距离遥远，而瓷商却不愿加价以弥补额外的运费，因此难以保证供应。这就意味着需要使用近处可得的原料。瓷土质量下降，瓷器质量也随之下降。此外，《陶录》中记载，万历年间回青已绝。尽管有理由认为这种说法有些言过其实①，但当时不得不开始使用本地青料，而其呈色相对黯淡。端详现今存世的万历瓷器不难发现，确实如此。

另一方面，釉里红（祭红）器虽然已复兴，但无法与 15 世纪的精美釉里红相媲美。

总体而言，尽管万历时期的窑工经验更加丰富，技术更加娴熟，但与早期的窑工相比，其任务更艰巨，因此能够理解都御史为他们上书，要求减少御供瓷器数量。

这一时期的御供瓷器清单，如《陶说》中所总结的，颇有趣味，其中包括许多以往清单没有提及的器型。一些新创器式包括：杯盘、花瓶、葫芦式壁瓶、屏风、檠台、烛台、剪烛罐、棋盘；文房用具，如笔管、笔筒、笔架、砚水滴；各式盒子，如香奁、槟榔盝（篦）、冠盝（篦）、巾盝（篦）、扇匣。

其中许多器物首次出现于御供清单，但并不新奇。与前朝同僚不同，督陶官王敬民认为其中一些实属靡费，因此于万历十一年（公元 1583 年）上奏，抗议御供奢侈之风。器物共计 96,000 件，数量庞大，其中包括 20000 件各式瓷盒、4000 件花瓶、5000 件盖罐。王敬民指出，烛台、墨砚、屏风、笔筒均为非必要开支；而象棋器具，包括游戏用的棋盘和棋罐，均为消遣所用。对于器物装饰，他要求尽量限于青花装饰，因为五彩和玲珑工艺烦琐复杂，且品位俗艳。正是由于这一奏书，我们了解到当时御供瓷器数量减半。

从前朝御供清单中收集到的纹饰，可以补充以下内容：正面龙、蹲龙、升降戏龙、飞丝龙、百龙、异兽朝苍龙、团螭龙、团螭虎。

瑞兽纹饰，包括兽、海兽、异兽、麒麟、海马。其他动物纹饰有宝象和百鹿。鸟类纹饰包括鸂鶒荷花、百鹤、六鹤（寓意乾坤六合）。动物纹饰还包括蜂赶梅花、水藻金鱼。

"百龙"和"百鹿"等短语不能按字面意思理解，"百"仅表示一个大而不确定的数字。麒麟，虽然此处首次提及，但在中国传统纹饰中喜闻乐见。麒麟是神话中的动物之一，预示着一位德行贤良的统治者即将降世。其外形是复合型的，有鹿身、长腿、分趾、龙头、狮尾，肩部饰有火焰纹。通过这些特征，可将其与海兽或海怪等区别开来。虽然经常与后

---

① 在我们的收藏中包括万历回青瓷器。——原注

者混淆，但实际上麒麟截然不同。

新创的花卉图案包括：一把莲①、莲瓣、百合花（仙花）、锦地葵花、松竹梅边纹、松纹锦、四季花、芦苇、蟠桃结篆寿字、杏叶、海石榴（山茶花）、葡萄西瓜瓣、人参、灵芝，以及被描述为"仲夏节徽秋花"的装饰。前者被S.W.卜士礼解释为，人们会在五月初五挂橡果和艾蒿。

人物题材包括：仕女、人物（题材）、故事（历史题材）、攀枝娃娃、耍娃娃、百子图；神仙捧寿字，如万古长春四海来潮②（象征千古长春，四海来进献贡品）；福禄寿和四阳捧寿。

其他图案包括：锦地、山水、河图、开光山水花卉纹、诗意（或许指诗歌主题的文字或诗句，常见于各个时期的瓷器）。

此外，还有寓意纹饰，如：火珠、阴阳③和八卦、方胜、贯套八吉祥、贯套如意、如意云边、寿带（如葫芦、桃、灵芝、竹、鹤、鹿等）；珠串、古钱、寿山福海；各种形式的铭文，龙捧或边纹捧吉祥文，而且还有一种特别的捧字纹，四髹头捧"永保长春"字；古篆，如在洛阳的铭文中发现的篆书题字；回文和寿意，指寿字或长寿的象征；云龙捧"圣寿"字。

前文提及的大多是青花纹饰，但即使在青花御供清单上的青花瓷中，也会偶尔提及其他装饰纹样。因此，在清单中我们看到：青花五彩凤穿四季花碗，青花暗龙凤宝相花碟，红九龙、青海水盏、青九兽、红海水盏、白姜芽、红海水盏、里黄葵花、五彩菊花盏、带镂空（玲珑④）装饰的青花顶妆⑤云龙香炉，金菊和芙蓉繁台（此处金可能比喻描金）。

釉上或釉下五彩包括各式纹样，说明当时五彩的应用范围越来越广。杂彩器包括：里白外青花、青地白花、黄地紫釉荷花凉墩，黄地暗龙茶盅，黄地五彩香炉，暗花鸾凤宝相花白瓷瓶，还有里白外红绿黄紫云龙膳盘。以上内容摘自《陶说》，亦是五彩器唯一一次被单独列于清单之上。

御供瓷器清单中明确指出，万历瓷器中青花居多。实际上，明代历代基本如此。总而言之，我们今天看到的大部分16世纪末的瓷器中，青花器占了很大比重。此外，明末青料、坯料、釉料都发生了巨变，反映了不同的供应来源、窑厂，当然还有不同质量的瓷器。例如，多数瓷器是为外销出口而烧造的，需要跋山涉水运到异国他乡。因此，买家们自然不会奢求采用最好的青料或最精心的设计，而且他们没有中国人那么追求完美。另

---

① 此处或指著名的一束莲青花盘，碟形，侧边印花莲瓣发散，如一束用缎带扎起来的莲花。印花内衬有时装饰青花或釉里红，或装饰回文。——原注

② 见R.L.霍布森所著 *The Wares of the Ming Dynasty*，第227页。——原注

③ 见R.L.霍布森所著 *The Wares of the Ming Dynasty*，第122页。——原注

④ 玲珑，明澈的意思。玲珑是在瓷器坯体上通过镂雕工艺，雕镂出许多规则的"玲珑眼"，然后填釉。烧成后，这些洞眼成了半透明的亮孔，十分美观。见R.L.霍布森所著 *The Wares of the Ming Dynasty*，第227页。——译者注

⑤ 顶妆，即凸雕。见R.L.霍布森所著 *The Wares of the Ming Dynasty*，第227页。——译者注

外,当时的御供瓷器也并非全部是上好原料或特级青料所制。例如,狮面双耳方形大花觚,胎体厚重,四周出戟,仿古代青铜器造型。其中有的装饰官窑纹饰,如五爪龙、凤图案,并落有万历六字年款。然而,大英博物馆藏的一件青花瓷样本,胎体厚重,质地粗糙,釉面布满气泡,泛灰。一些小的瑕疵如火烧痕和釉面瑕疵,亦非常明显。

　　与这些粗糙但又美观的花瓶相比,一些碗、盘胎质细腻,釉面滋润柔和,带明显磨损痕迹;还有的瓷器胎质薄脆,釉面干净,莹润闪光。青花装饰也同样多变。有些是品质上乘的回青料,蓝中泛紫,呈紫罗兰色光泽。还有深紫色的嘉靖青花,紫中闪银;但更多的时候,青花发色偏暗、泛灰或呈靛蓝色。如前文所述,我们可以合理怀疑万历年间回青就已断绝的说法。需要谨记一点,虽然在原始状态下本地的钴料不纯,但也是可以提炼的。根据殷弘绪(Père d'Entrecolles)的切身考察,一百年后康熙时期的陶匠通过反复提炼,从本地青花料中提取纯正的青料。而我们也非常熟悉康熙青花瓷上品质绝佳的青料。我们的博物馆中囊括以上各式不同胎质、青料的瓷器。大英博物馆的弗兰克斯收藏包含以上所有类型的青花瓷;维多利亚与艾尔伯特博物馆的长期展厅中有大量的明代青花瓷器,而借展厅中也展出了很多布洛克萨姆收藏的器物。

　　插图 65 是洛夫收藏的一件典型的万历时期的官窑花瓶,仿青铜器式样,器身修长,显然在当时很受欢迎。颈部饰有狮面双耳扣环。六棱凸戟保护器底下半部,常见于这一时期的掐丝珐琅风格的彩绘花瓶。青花绘缠枝莲纹和器底上方的海水纹等其他常见的辅助纹饰。口沿外下方落万历六字款。

插图 65

明万历青花缠枝莲六棱铺首衔环花觚,底部绘一周波浪纹,高 30.5 英寸

J. 洛夫藏

同一收藏系列中另有一件万历花觚,造型相同,无凸戟。腹部主题纹饰为青花绘团花纹。底部绘蕉叶纹。青花呈色蓝中泛灰。卢浮宫的格兰迪迪耶收藏中也有类似的样本,不过更加修长。插图 66 中的这件花觚造型纤细秀美,青花绘团龙纹,呈色疏淡。团龙纹在御供瓷器中反复提及①。

插图 66

明万历枕形双耳团龙纹瓷瓶,底部饰蕉叶纹,高 20 英寸

J. 洛夫藏

对于学生而言,外销瓷,最重要的是那些通过间接证据可以断代为明晚期的外销瓷,这一过程十分有意思。必须留意这些细节,从而推断出明晚期器物的特征;以此为基础,之后就可着手鉴别真假难辨的器物。

首先是那些盘、碗、壶、瓶,仍然保留着 16 世纪后配的银质或镶银底座。1910 年在伯灵顿美术俱乐部展出了一系列此类收藏,其中包括若干件自伊丽莎白女王统治时期就一直藏于伯格利宫的器物。有趣的是,我们能够发现当代文献中有关这类器物的记载,在英国显然不可多得,因此这类器物被奉为至宝。例如,我们曾读道:伯格利勋爵在 1587 年至 1588 年间,将“一件描金白瓷杯”作为新年贺礼献给伊丽莎白女王;而罗伯特·塞西尔②先生则将“一件绿瓷杯”献给女王;此外,著名的航海家卡文迪许③将“来到英国的第

---

① 见 R. L. 霍布森所著 *The Wares of the Ming Dynasty*,第 131 页。——原注

② 罗伯特·塞西尔(Robert Cecil,威廉·塞西尔之子,英格兰女王伊丽莎白一世和国王詹姆士一世的主要大臣)。——译者注

③ 托马斯·卡文迪许(Thomas Cavendish,1560—1592),文艺复兴时期的欧洲航海家。——译者注

一批瓷器"送给了女王。我们现在了解到,实际上那并非第一批,而是编年史家的纰漏。当时英国商人还没有与远东直接建立贸易关系,任何到达英国口岸的中国瓷器,均是通过间接贸易或从西班牙船只上缴获的。

说回伯灵顿展览,展出的器型有:青花执壶,外绘杂宝纹、折枝牡丹与莲纹,带 1589 年金属配饰;酒壶,外绘山石、花草、鸟雀,加金属配饰后变成执壶;蓝地白鹿纹碗,十面开光;还有一件碟盘,绘有典型的明代山水、松柏、宝塔、游船。大多数属于青花瓷,青花呈色泛青或呈靛蓝色。由于没有落款,我们可以认为其断代比金属配饰的年代更早一些,甚至属于嘉靖朝。不过,其中有一件穿凤缠枝莲花碗,落万历款,其画工精湛,青花料属上乘,引人瞩目。

另一件典型器物是弗兰克斯收藏的青花瓷碗[①](加金属配饰的时间约为 1580 年),四面开光,白鹭立于一簇莲花上。其胎体轻薄细腻,釉色白中泛青,釉面肥腴光润,通常带棕眼;青花微微泛靛蓝色,具有万历外销瓷的特征。

参观哥本哈根罗森堡宫的游客,在第一展厅里可以看到一件青花盖碗(插图 67),其在此位置固定摆放多年。这件六角盖碗(或是瓷盒),青花颜色淡雅,釉面布满微小的气泡,使其具有日本伊万里瓷器常见的"薄纱"质地。外绘山水人物坐像、松柏,画风随意,这种装饰在欧洲的瓷器上随处可见。底足未施釉。这只碗于 1622 年由指挥丹麦第一次远征东印度群岛的海军上将奥夫·戈登(Ove Gedde)带回丹麦,1723 年被作为礼物送给了苏菲·海德薇格(Sophie Hedvig)公主。这件器物颇有意趣,属于中国外销瓷中具有历史意义的一件,可以认定其烧制于万历时期。

插图 67
青花山水人物六角盖碗,于 1622 年带回丹麦,高约 6 英寸
罗森堡宫藏

在乌普萨拉,著名的海恩霍夫珍奇屋[②]中有众多珍宝,包括青花瓷。其中有两件带万

---

① R. L. 霍布森所著《中国陶瓷》第 2 卷(*Chinese Pottery and Porcelain*, *Vol.* 2),图版 69 图 1。——原注
② J. Böttiger 所著 *Philipp Hainhofer und der Kunstschrank Gustav Adolfs in Upsala*,卷 3,第 23 – 27 页,插图 69 和 70。——原注
菲利普·海恩霍夫,奥格斯堡的艺术品交易商和外交官。——译者注

历款的回青云鹤纹瓷盘，与罗森堡宫收藏的那件有着相同的薄纱质地的釉面。奇怪的是，这一特征竟然出现在属于同一时期的两件外销瓷上，而这并非中国瓷器的常见特征，但在后世的日本瓷器上很常见。

此外，还有三件青花仰钟杯，无柄，口沿外下方绘一周蕉叶纹、一周程式化纹饰。还有六件瓷盘，属于上文提到的薄脆胎质①，青花纹饰独特。以上内容源自1626年的一封信。这些有趣的作品只有中心是由瓷器组成的，口沿及外壁是木框结构，表面涂黑漆并描金。这些器物来自果阿（Goa）②，从漆面装饰的风格来看，无疑是由中国瓷器残片③制作而成的。

实际上，这些瓷盘曾在印度出现也不足为奇，因为那里也发现了许多类似的器物。其实，它们遍布近东地区。如今我们了解到，这是当时远东海上贸易的主要货物。而且，1615年，托马斯·罗伊爵士④还谈到了每年从阿格拉⑤经陆路前往中国的商队。

在理想状态下，这类器物是最受欢迎的外销瓷之一，而且很容易辨认，因白如镜、薄如纸、声如磬的特点，常被认为是金属制品。其釉面莹润、富有光泽。足底粘沙、釉面有棕眼以及器底有跳刀痕是器物烧制过程中常见的瑕疵。但陶工技艺娴熟，手法自然潇洒，有些成品精致工巧。需要注意的是，青花呈色往往疏淡、纯净，蓝中泛灰。在一些品质稍差的样本上，青花呈色趋于暗淡。

显而易见，这类瓷器在海外市场上风靡一时，其材质轻薄易碎，但仍有大量器物保存下来，而且很久之前就已经远销海外。有些后加金属配饰的器物⑥最早可以追溯到1580年左右。慕尼黑国家博物馆有一件瓷碗，来自巴伐利亚公爵，威廉五世（1579—1597年在位）的收藏。1616年的波斯执壶⑦以及整个17世纪的荷兰代尔夫特陶瓷均模仿该风格。这种风格还出现在荷兰学校的静物画上，如画家弗兰斯·斯尼德斯（Frans Snyders，1579—1657）和众多画家的作品。

这类器物在英国依旧很常见，但其优点无疑越来越得到认可，而精美的瓷器价值自然也越来越高。从年代确定的收藏中可以推断，质量上好的瓷器，青花呈色清透鲜艳，属于16世纪后半叶；而质量稍差的器物，青花呈色暗淡，画工粗糙，属于17世纪中期，当时的风格平庸低俗。

---

① 见R. L. 霍布森所著 *The Wares of the Ming Dynasty*，第134页。——原注
② 果阿，印度的一个邦，位于印度南部西海岸，曾沦为葡萄牙的殖民地达450年之久，其城镇、街道建筑具有葡萄牙风格。——译者注
③ 实际上，1626年的这封信描述的是"来自果阿的瓷器和印度漆器制成的碗"。——原注
④ 托马斯·罗伊爵士（1581—1644），英国外交官。——译者注
⑤ 阿格拉，莫卧儿帝国的首都。——译者注
⑥ 见《伯灵顿杂志》（*Burlington Magazine*）1913年3月刊和《乡村生活》（*Country Life*）1920年11月20日刊。——原注
⑦ 藏于大英博物馆。——原注

这类器物上的典型纹饰为鸟鸣枝头、划水鹅、鹰石、花草竹、蝉匐于草间石上，有些画得非常引人入胜和个性十足。其他器物的纹饰描绘风景，或绘交替开光山水或开光花园场景，或绘人物坐在桌案旁或屏风旁。但是，最常见的盘和碗上的纹饰，最好参照实际收藏来进行描述。这是一件青花浅碗或深盘，侧面有印纹，口沿微微外翻，呈波浪状，胎体洁白，釉色清亮。碗心开光，绘河流风景，鹅立于岸边石塘。开光外饰有一圈网纹和回纹。侧面四处有四叶形开光，间以四条垂直的流苏装饰带。其中两处绘桃实、桃枝，另外两处绘吉祥纹饰。口沿下方绘一周六角格纹，间以开光果实和花卉。碗外壁的装饰图案类似。底足有粘沙痕迹。露胎处可见油亮的胎体。器底施釉处有少许"棕眼"。釉下可见跳刀痕。未落款。这类器物类型有碗、盘、小盆、净瓶、瓶、执壶。执壶通常为褶沿星形壶口，壶嘴造型优雅，与壶身连通处饰以浮雕枝叶（插图 68）。

插图 68

明万历青花执壶，壶嘴树枝状堆雕，壶口为星形，腹部主题纹饰绘人物、鼠和葡萄藤纹，高 6.75 英寸
奥古斯都·弗兰克斯藏（大英博物馆）

插图 69 所示是此类风格中十分有趣的一件杯式碗，呈六瓣。碗壁六面开光，模印成型。碗内开光釉下有白色花鸟浮雕装饰，十分精致。外壁上方绘一圈青花如意璎珞纹。底部绘一周青花团纹。侧壁绘一周六莲瓣，莲瓣内绘四脚凳上蜷伏着一只猫的图案。青花纹饰可见插图。只有一面开光上绘有桌上香炉，其余五面开光为其他挂饰。胎体薄脆，青花呈色泛浅灰。这件碗显然在 1584 年左右加了镀银金属配件，成为杯盏（盖子已遗失）。但收藏这件器物的家族一直以来认为，这件瓷器曾经是献给苏格兰女王玛丽的礼物。

插图 69

青花瓷碗,加底座成杯,内壁浅浮雕装饰,高 7.5 英寸

匿名收藏

需要补充的是,胎体厚重的瓷器上也可见到上述这类器物的典型装饰,通常可能是专门为印度和波斯市场制作的瓷盘,会使用浓艳、深厚的青料。

另一种常见的外销瓷是瓜棱罐,上面装饰着松鼠葡萄藤纹,或葫芦藤纹,或缠枝莲纹。虽然制作工艺粗糙,但此类装饰往往具有一定的吸引力。另一大优势是价格亲民。可参见插图 70。

插图 70

一组外销青花瓷

一件净瓶,一件瓷盘,一件松鼠葡萄纹瓜棱盖罐,高 7.5 英寸

瓷盘为布兰特藏品

——列举所有明晚期的外销瓷器型——各种装饰的大罐、大大小小的盘和碗，几乎不可能，且索然乏味。这些器物在东方到处可见，而且如今也受到了西方市场的青睐。土耳其苏丹收藏的绝妙佳品存于君士坦丁堡；我们也可以一睹存放在波斯（今伊朗）阿尔德比勒神庙内的"瓷屋"（Chini-hane）中的 500 件绝佳收藏。这是万历年间，沙阿·阿拔斯大帝（1587—1629 年在位）的收藏。这些照片是由萨尔[1]（Sarre）教授拍摄的。虽然当时受相机条件限制，只能看清前排的瓷器，但我们可以认出许多熟悉的器型。其中也有五彩器，但青花瓷器居多，而且可以推断，也有不少明代青瓷。有龙纹大花瓶，青花属于嘉靖时期的回青。有一件青花缠枝莲纹大碗，青花呈色斑驳，从纹饰特征看，无疑属于宣德时期。还有一件造型奇特的执壶，绘一麒麟卧于欧式喷泉旁边，英国收藏中也包括此类造型别致的执壶。其中一件收藏于大英博物馆[2]的弗兰克斯收藏，是一件青花执壶，青花呈嘉靖时期的深蓝色[3]。底足绘兔纹，此纹饰同样出现在明晚期其他类型的瓷器上。

据说，瓷屋内的一部分瓷罐高达一米。在万历年间，不仅烧造是难题，运输这些瓷器肯定也是一大难题。沙阿·阿拔斯大帝收藏的后排隐约可见一件肩部衔环双系椭圆大罐。可以想象，这些器物在船上被用作水罐，并在东印度群岛和大陆之间进行贸易。它们有时会被柳条或绳索保护起来，如牛津大学阿什莫林博物馆中的瑞德斯坎特罐[4]（Tradescant jar）。

瑞德斯坎特的收藏主要集中在 1627 年之前，是欧洲最古老的收藏之一，因此其中为数不多的中国器物具有一定的历史意义。这件青花瑞德斯坎特罐[5]，青花呈色浓烈、深厚，主题纹饰绘缠枝牡丹和狮子，肩部饰格纹和花卉，颈部蓝地，留白卷叶纹，为典型的晚明青花瓷罐，可谓明末外销瓷中的佳品。

---

[1] *Denkmäler Persischer Baukunst*，插图 3。——原注

[2] 见《乡村生活》（*Country Life*），1921 年 1 月 1 日刊。——原注

[3] 至少一部分执壶烧制于嘉靖年间，如 1895 年在伯灵顿美术俱乐部展出的一件落款瓷器。参见《东方青花瓷图录》（*Blue and White Oriental Porcelain*），第 300 号。——原注

[4] 这类五系罐在欧洲被称为"瑞德斯坎特储物罐"（Tradescant storage jars），名字源于英国古董收藏家约翰·瑞德斯坎特。——译者注

[5] 见《乡村生活》（*Country Life*），1920 年 11 月 20 日刊。——原注

第十一章　万历（续）

万历御供瓷器中的青花瓷，均会涉及浮雕和镂空装饰，两者在明早期器物上均很常见。但其中有一些瓷器造型很特别，属于明晚期，需要在此说明。

浮雕（顶妆或堆花①）的形式多种多样。最简单的是用模印工具成型的浅浮雕装饰，如龙纹山形笔架（见插图37）。还有堆贴模印人物或其他装饰的。这些装饰元素往往装饰在未施釉的素胎上，其上有时施红彩②描金。一件典型样本是青花盖碗，器身有四面团纹，每面堆塑一对神仙。盖钮为素胎狮子③。这类装饰风格的器物有时是绿地，或施绿、黄、茄皮紫三彩（见插图71）。

插图 71

八仙人物浮雕靶杯，人物中间饰网纹，口沿施酱彩，器身施红、绿、紫三彩，落成化款，高 3.625 英寸

乔治·尤摩弗帕勒斯藏

第三种方法通常是在化妆土上刻划浅浮雕装饰，这类瓷器往往不施釉。

明早期的三彩花瓶、罐、花园凉墩上均有镂空装饰，是在素坯烧制之前、坯体干透的

---

① 此处作者所引收藏均属堆贴，而非堆花。堆贴，是将印出或塑出的立体纹饰贴附在陶瓷的坯体上，然后罩釉烧制而成的一种陶瓷装饰技法。——译者注

② 阿姆斯特丹皇家博物馆收藏的一幅 17 世纪的静物画上绘有文中所述的红彩人物碗。——原注

③ 见 R. L. 霍布森所著《中国陶瓷》第 2 卷（*Chinese Pottery and Porcelain*, *Vol.* 2），图版 78 图 3。——原注

前提下进行雕刻的,但在处理时仍要谨慎、细心。明早期相对粗糙的大面积镂雕,与万历瓷器上精雕细琢的浮雕相比,则相形见绌。万历"镂雕"可谓是"鬼斧神工"。

插图 72 和 73 中的图例向我们展示了万历时期镂空和浮雕等不同的装饰工艺。这是一对花瓶中的其中一件(插图 72 所示),胎质洁白,釉面肥厚不均。素胎上堆贴五爪双龙,龙身刻鳞纹。龙在卷云和火焰纹中升降盘旋。中间有鼓钉(无疑是双龙追逐的宝珠),鼓钉两侧局部镂空。顶部镂空处外圆内方,为中国钱币或"铜钱"的样式。这个细节会让人联想到万历年间饰有"镂空缠枝灵芝古钱雕龙"的香炉。

插图 72

明晚期素烧堆贴云龙戏珠白瓷,饰镂空宝珠,高 11.5 英寸

奥古斯都·弗兰克斯藏(大英博物馆)

巴黎里昂·弗尔德收藏的一件罕见的花瓶(插图 73),团花装饰中采用了镂空工艺,虽然很可能属于明早期。外壁素胎镂空莲花团纹,局部红地描金。花瓶底部青花绘海水纹,青花呈色淡雅。

插图 74 所示的这件器物是素廷收藏的一件精致的小笔洗。两个鼓钉同样有镂空装饰,每个鼓钉内雕刻一个中文汉字,工艺精湛。不过,这件作品的主要特点是素胎浮雕工艺,器身部分施彩釉并描金。这件器物小巧精致,适用于文房书桌,可以用来盛放墨水,亦可用来清洗毛笔。同一展柜中有两件人物浮雕小碗,也施彩绘描金,间以镂空装饰。

插图 73

青花铜钱纹六方瓶,波浪纹为底,镂空团花纹,带描金痕迹,制作于 16 世纪初,高 12 英寸

里昂·弗尔德藏

插图 74

素胎浮雕圆形笔洗,饰凉亭、人物,描金加彩,双圈鼓钉文字,高 2.5 英寸

乔治·素廷藏(维多利亚与艾尔伯特博物馆)

　　制作这些精致的镂空和浮雕需要高超精湛的技艺，从插图75中的这件盖碗便可知晓。腹部主题纹饰绘一圈镂空回纹，间以几簇浮雕团花纹，团花内部素胎雕刻动物和开花植物。上方绘一周卷草纹，堆雕鸟站枝头图案。底部堆雕一周卷草纹。碗盖上同样有镂空装饰和狮钮。这件器物的镂空和浮雕工艺可谓精美绝伦。

插图75

明万历白色带盖狮钮素胎镂雕香奁，外壁、盒盖饰四簇团花纹，内雕刻开花植物和动物，

团花中间以回纹装饰，直径4.5英寸

奥古斯都·弗兰克斯藏（大英博物馆）

　　大英博物馆的另一件收藏（插图76），在同类型器物中颇有意趣。碗外壁饰镂空"铜钱"纹，中间有四面开光团纹，内堆塑八仙人物与花簇，开光内施蓝彩。碗心青花绘正面龙纹，青花发色偏灰。内壁绘腾龙纹。口沿内下方绘一周卷草纹。底书"玉堂佳器"，明晚期瓷器也有此落款。贺璧理的收藏中还有一件极为精致的落万历款的青花团纹镂空器①，马斯登·佩里②的收藏中也有一件落后朝款识的镂空器。在这些镂空装饰碗上经常可见成化款识，但我们只能将其认定为赝品。

　　众所周知，康熙时期和18世纪的陶工也钟情于烧造镂空瓷器，且成果斐然，但是否达到明晚期一般的"鬼斧神工"的程度，则存疑。

---

① 见R. L. 霍布森所著《中国陶瓷》第2卷（*Chinese Pottery and Porcelain*, *Vol.* 2），图版78图2。——原注

② 马斯登·佩里（Marsden Perry，1850—1935）是一位金融家和银行家，对收藏具有文化价值的物品有着浓厚的兴趣。——译者注

插图 76

明万历素胎镂雕八仙玲珑碗，内绘青花龙纹和边绘，青花呈灰色，落"玉堂佳器"款，直径 4.5 英寸

奥古斯都·弗兰克斯藏（大英博物馆）

　　万历时期使用的另一种装饰与镂空工艺表面上有相似之处，试图用最低的工耗和最简单的工艺达到同样的效果。这种雕刻工艺不超过皮肤厚度，采用了与镂空碗相同的回纹，部分半镂空装饰为素胎。大英博物馆收藏的一只大碗就是一个典型例子，一周半镂空回纹装饰带，间以青花团龙纹，青花是万历时期的风格。哈尔西收藏①的一件花瓶和其他收藏中也可见此类装饰，而其青花纹饰风格显然属于明晚期。插图 77 展示了尤摩弗帕勒斯收藏的一只小碗，通体装饰半镂空回纹。器底方框内青花书"禄位清高"吉语款。

插图 77

明晚期青花刻花回纹碗，落"禄位清高"款，直径 3.5 英寸

乔治·尤摩弗帕勒斯藏

---

　　① 见 R. L. 霍布森所著《中国陶瓷》第 2 卷（*Chinese Pottery and Porcelain*，*Vol.* 2），图版 68 图 3。——原注

　　万历时期不可能完全摒弃前朝的五彩工艺,而且我们还可以看到用刻花、雕刻、镂空或用凸起的黏土线装饰的素胎彩绘和掐丝珐琅风格的三彩瓷器,在花纹间填以与背景色对比强烈的中温色釉;或施以同样质地的硬硅酸铅釉①,特别是松石蓝和茄皮紫二者的配色;或施介于明早期三彩釉和含铅彩料之间的半透明软硅酸铅釉,或用高纯度的彩料施于干性颜料勾勒的素胎图案轮廓内或烧成的釉上。

　　关于第一种,前一章中已经讲过,因此无须赘述。罗斯柴尔德少校收藏的一件葫芦壁瓶(插图78)可能属于万历时期,以松石绿为地,呈色泛灰,浮雕纹饰施淡茄皮紫、蓝、白三彩。平坦的背面罩一层黄釉,有一小孔,可以固定在墙上。这一时期的御供瓷器清单②中曾提及葫芦式壁瓶。这些中温釉在明代各个时期都很常见,但在 16 世纪初,似乎更加

插图 78

明万历颜色釉松石绿地葫芦壁瓶,浮雕纹饰施淡茄皮紫、蓝、白三彩,壁施黄彩,高 11.25 英寸

安东尼·罗斯柴尔德藏

---

　　① 所有的明代三彩釉都是碱性硅酸铅,含有碱、石灰、铅、硅。硅石和石灰的比例越高,釉料的可熔性就越弱。碱的比例越高,虽然不会增加釉的可熔性,但会使其更易腐化。混合物中的铅含量越多,其可熔性和持久性就越强。在区分这些釉料的早期种类(即不透明、深紫色等)"硬硅酸铅釉"或正德器物的"软硅酸铅釉"时,可以假设前者比后者含有更多的硅石和石灰;反之,后者比前者含铅量更高。窑炉的软釉含铅量高,在低温情况下就会熔化。——译者注

　　② 见 R. L. 霍布森所著 *The Wares of the Ming Dynasty*,第 130 页。——原注

轻薄透明的绿釉、黄釉、褐紫釉更受欢迎。正德花盆正是这种透明配色，我们在嘉靖器物上发现了同样的半透明杂色釉或单色釉。温科沃斯收藏的一件带万历款的绿地刻花浅碟证明，万历沿袭了这种风格，中心琥珀黄彩绘一束花，器身绘八宝纹，施黄、茄皮紫彩。

采用同样工艺的另一件藏品，如插图 79 所示，是查理特斯收藏的一件瓷罐。器壁四面开光内绘龙纹，间以杂宝纹，以绿色为地，纹饰施黄彩。这件器物十分精美，其他收藏中也出现过这类花瓶。

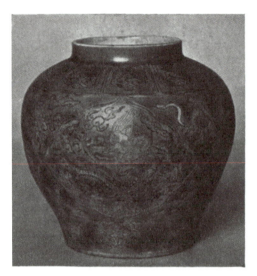

插图 79

明万历绿地黄彩刻花开光龙纹八仙罐，素胎施釉，内壁和底足施白釉，高 7 英寸

埃文·查理特斯藏

在万历之后的一百年，施这种质地较软的硅酸铅釉的模制人物和其他装饰的器物开始盛行。殷弘绪曾在 18 世纪 20 年代对这种瓷器的制作工艺和釉料成分进行了非常详细的描述。德累斯顿国家艺术收藏馆中藏有大量这类器物，可以肯定收藏于康熙中晚期。很难判断这些器物属于明末还是康熙早期，因为当时的工艺和风格变化不大。但是，如无特殊原因，最好将它们全部归为明代以后的作品，好让那些持相反观点的人来证明它们属于明代。

乌普萨拉的海恩霍夫珍奇屋中的收藏①中有一件执壶（插图 80），造型独特，形如岩石上的小龙虾，其底部露胎处的胎质与康熙人物瓷器别无二致，施草绿、茄皮紫和蓝绿彩②，前两者可能是康熙时期的釉色，后者是典型的明代釉色。壶身施黄釉且描金。白波青水上罩一层薄的透明釉，富有光泽。壶身为荷塘，壶嘴和壶把是岩石旁的莲花茎，虾立于石上。这件执壶，以及同系列的其他收藏于 1628 年完成，因此可以断定属于明代。德

---

① 见 R. L. 霍布森所著 *The Wares of the Ming Dynasty*，第 136 页。——原注

② 见 R. L. 霍布森所著 *The Wares of the Ming Dynasty*，第 116 页。——原注

累斯顿国家艺术收藏馆收藏①中还有两件瓷器，一件是龙虾或小龙虾造型，另一件是凤凰造型，它们的拥有者最早可以追溯到16世纪的撒克逊人。这几件器型非常相似，应该出自同一窑口。总而言之，上述器物应该是一起运送到欧洲的。

插图80

明万历素胎描金彩虾形执壶，虾因描金呈黄色，鱼呈茄皮紫色，白浪青水，

其他细节为松石绿地，高8英寸

瑞典乌普萨拉市海恩霍夫珍奇屋藏

由于中文术语的模糊性，我们无法确定中文文献中描述的任何特定的系列或样本属于素胎彩绘，但是可以合理推测，项氏图谱中描述的部分15世纪器物利用这种工艺进行装饰；而且可以肯定，万历年间也沿用此法。实际上，万历御供瓷器清单中经常提到的"曲水梅花纹"，会令人不禁想起经典的填绿彩螺旋海水，其上漂浮施黄、茄皮紫、白彩的梅花、水生植物或者杂宝纹。而海水纹常常与"海马②纹"或其他飞奔的动物图案搭配。虽然大英博物馆的一件明晚期瓷罐（插图7）的这种装饰在釉上，但直接在胎体上施彩的情况更常见，万历年间肯定也有此类器物。清康熙时期盛行这种风格的素胎装饰，而且现存的很多收藏很可能属于这一时期。唯一一件在出版物上公开出版的带落款器物③，其

---

① 见恩斯特·齐默曼（E. Zimmermann）所著《中国瓷器》（*Chinesisches Porzellan*），插图30。——原注

　　恩斯特·齐默曼（1866—1940），德国人，德累斯顿陶瓷收藏馆馆长。——译者注

② 见R. L. 霍布森所著 *The Wares of the Ming Dynasty*，第36页。——原注

③ 见R. L. 霍布森所著《中国陶瓷》第2卷（*Chinese Pottery and Porcelain*，*Vol.* 2），图版94图2。——原注

落款所对应的年份是公元 1692 年。

　　大英博物馆收藏的瓷罐，其器型和总体风格属于明代，彩绘装饰施于釉上而不是直接作用于素胎，这可能是巧合。明晚期瓷器的釉面常常浑浊不清，很可能这种釉面有瑕疵的瓷器做这类装饰，是因为它可以完全覆盖原来的釉面。

　　然而御供瓷器中最具特色的万历五彩，无疑是釉下青花与釉上五彩的结合体。这种结合体在当时屡见不鲜，后世一直沿用，因此后来文人将其命名为万历五彩。

　　五彩有浅绿、深绿、茄皮紫、黄（黄色通常为娇黄或酱黄色）、铁红（矾红，属番茄红，色彩鲜艳且富有光泽）、干性的酱褐色彩料（用于勾勒纹饰轮廓，当罩上绿彩时，变成墨绿色）；还有松石绿或蓝绿，蓝绿最接近蓝色①。所有这些色彩都会与含铅的助熔剂混合，在窑炉中低温烧制。除矾红彩和褐彩外，其余都是透明彩，尽管中文称其为五彩，实际数量多于五种，这还没有算上与五彩搭配的青花装饰。实际上，"五彩"是指多种釉色的搭配组合，最好用"杂彩"来表示。

　　在万历五彩中，很容易区分出不同的类型。

　　第一类是绿、娇黄、矾红与青花结合，常见于一些体形硕大、粗糙的仿青铜器式样的花觚和花瓶（供宫廷使用）。由于这类器物上的图案通常较小，呈现方格效果，因此从近处看时，蓝、绿、红彩非常明显。

　　插图 81 展示了洛夫收藏中一件引人入胜的墨砚，侧壁镂空。器身"砚石"上部为砚池。主题纹饰为双龙赶珠海水纹，施青花，以及绿、黄、红三彩，青花呈色浓烈艳翠。砚池内底绘"寿山福海"，茄皮紫地上绘白浪青波。器底双龙盘绕，书万历六字款（插图 82）。

插图 81

明万历青花五彩双龙赶珠镂空砚台，长 8.5 英寸

J. 洛夫藏

---

　　① 万历瓷器上罕见的蓝彩。《1910 年伯灵顿美术俱乐部中国早期陶瓷展览图录》中一幅高 17 英寸的插图中可见万历瓷器上罕见的蓝色。这种蓝彩后来常见于康熙五彩瓷，而在明晚期器物上很少出现，在当时应该是试验品。——原注

插图 82
砚台底座,落"大明万历年制"款
J. 洛夫藏

与之相配的还有另一件文房用具,镂空模印龙纹笔架(插图 83),底部一周饰海水江崖纹。彩绘配色相近,同样落万历款。这类笔架外形通常为三座山峰形,不过此处以龙头为峰。

插图 83
明万历青花五彩镂雕龙纹笔架,龙身镂空,底座施红彩,长 5.5 英寸
J. 洛夫藏

大英博物馆中藏有几件具有代表性的样本——大方瓺①、印花瓷盒②、精巧的执壶〔见 R. L. 霍布森所著《中国陶瓷》第 2 卷（*Chinese Pottery and Porcelain*，*Vol.* 2），第 85 页〕。最后这件器物，壶身呈瓜形或蒜形。壶口和手柄造型优美。釉色泛青，五彩呈色上乘。壶身饰有缠枝花果纹。颈部正面龙捧"寿"字，传说是给皇帝献寿礼。

　　插图 84 所示酒壶风格与上文相似。六棱造型优雅，绘有花鸟果树纹。肩部绘折枝花卉团纹，间以卷云纹。底部绘一周程式化纹饰，与壶盖上的装饰对应。通体施"鲜艳夺目"的青花及红、绿彩。底书万历六字款（插图 85）。这件执壶不仅因造型优雅而出众，更因历史渊源而意义非凡。伊丽莎白女王将其赐予她的牧师帕里，也就是后来伍斯特郡的帕里主教，后传给了约翰·帕里·纳什（John Parry Nash），纳什娶了苏珊娜·伯恩（Susanna Bourne）。按照这位女士的遗嘱，这件执壶随帕里主教的其他遗物一起传给了它现在的主人的父亲——特威宁庄园（Twyning Manor）的 F. R. S. 伯恩博士。这件执壶口部镶银，壶嘴上有一个封盖，壶盖上系有一根链子，与拱形壶柄连接。壶嘴和壶盖上面均刻有伊丽莎白时代的图案，其中一种纹饰为两柄交叉战斧，是帕里主教的纹章。

插图 84

明万历青花五彩花鸟果树纹六棱酒壶，饰有团花纹和卷云纹，壶口镶银，高 9.5 英寸

吉尔伯特·伯恩藏

---

　　① 见 R. L. 霍布森所著《中国陶瓷》第 2 卷（*Chinese Pottery and Porcelain*，*Vol.* 2），图版 81。——原注

　　② 见《乡村生活》（*Country Life*），1921 年 1 月 1 日刊。——原注

插图 85

酒壶底座,落款"大明万历年制"

插图 86 将青花五彩的总体效果呈现得淋漓尽致,这是一件典型的万历风格的青花五彩花觚,比例协调。颈部两条宽阔的装饰带绘两条五爪龙,间以两条窄边装饰带。内绘卷草纹。器腹主题纹饰绘牡丹孔雀纹。器底上方绘"寿山福海"图案和缠枝灵芝纹。口沿外下方横书"大明万历年制"六字款。

插图 86

明万历青花五彩花觚,绘龙、凤、牡丹、寿山福海等,口沿落万历款,高 22.5 英寸

维多利亚与艾尔伯特博物馆藏

第二类五彩包括万历五彩中的所有色彩——绿、黄、茄皮紫、铁红、墨绿色与青花相结合的器物,用干性的褐色或红褐色彩料勾勒纹饰(通常是人物主题)轮廓,并填彩。这种装饰手法的效果更协调。这类器物中有很多精美的盘、罐,唯一的缺陷是胎釉之间可能会相对粗糙。这类器物中有一件佳品,是大英博物馆收藏的广口罐(插图87)。主题纹饰绘历史人物场景。上下各绘一周卷草纹和莲瓣纹。器底落明晚期瓷器上曾出现过①的兔纹款。

插图 87

嘉靖或万历青花五彩人物瓶,兔纹款,高 9 英寸

奥古斯都·弗兰克斯藏(大英博物馆)

雍正时期的御供瓷器中包括御窑厂仿制的"万历和正德时期的五彩瓷"。我们了解,康熙时期和 18 世纪初的陶匠将上述器物类型仿制得近乎完美,以一种精确到近乎诡异的手法重现了平坦、未施釉的胎底和呈色灰暗的青花。这些精制的仿品足以以假乱真,但矾红②的特征和其他细节可能有利于区分和辨别。另外,明晚期出口到近东的大量劣质五彩瓷,也流入了欧洲市场。虽然工艺粗糙,但在装饰性方面,这些外销瓷并不逊色。

第三类五彩不包括青花装饰,只用釉上彩进行装饰,以红、绿彩为主。此处只是另一章③中所讲的红、绿彩的发展延伸。

---

① 见 R. L. 霍布森所著 *The Wares of the Ming Dynasty*,第 140 页。——原注

② 见 R. L. 霍布森所著 *The Wares of the Ming Dynasty*,第 105 页。——原注

③ 见 R. L. 霍布森所著 *The Wares of the Ming Dynasty*,第 116 页。——原注

具有代表性的器物包括弗兰克斯收藏的一件文房器皿，形如屏风，实际上具有双重用途：既是砚屏，在其后的墨砚上蘸墨；又是笔筒，另一侧是用于放毛笔的四方笔筒。和所有品质上佳的中国瓷器一样，其装饰风格十分有趣且非常实用。砚屏上堆雕的图案是一位年轻学士站在龙头上，手衔一枝桂花（仕途成功的标志），象征着"独占鳌头①"，暗指参加科举考试的考生将登上"龙头"山顶。人们相信，最先到达山顶的人将在科举中脱颖而出。砚屏上所绘的是在高中之后加官晋爵的状态，并有一持扇者陪驾。其余装饰主要由描金红彩团纹和不同寻常的酱黄彩组成。

这件器物上的五彩，特色鲜明，草绿、酱黄、松石绿代替了人物靴帽上的蓝、青、黑，并使用了大量的明代深红彩，岁月的沉淀赋予其绚烂的红彩以及红宝石的光泽。有一些地方还可以看到描金的痕迹，如龙头。

这类器物的其他样本已在嘉靖一章中提及，当然，这个砚屏也很可能属于同一时期。这两个时期的五彩器并无二致，但布洛克萨姆珍藏的一件青花瓷与上述砚屏的器型和青花呈色相近，其青花呈色明显带有万历风格。

在其他器物上，红彩所绘的网纹效果没那么好，但红彩仍然是这类器物的主要釉色。大英博物馆藏的一件圆形茶托（插图88），中心有八边形开光，内绘正面龙。侧壁四处有扇形开光，外饰满地锦纹。口沿下方书"万历年制"四字款。同一收藏系列中的另一件碟子上也有类似的装饰，不过外侧开光内绘折枝花卉纹和龙纹，虽然并无落款，但显然属于同一时期。这两件均施②红绿彩，质朴简洁。

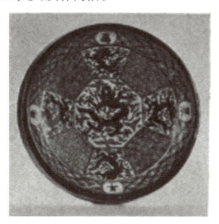

插图88

明万历红、绿、黄三彩开光龙纹茶托，直径7.5英寸

奥古斯都·弗兰克斯藏（大英博物馆）

---

① 此处的原文为dragon head，作者或指成语"独占鳌头"。鳌是古代传说中海里的大龟或大鳖。古代的宫殿都会在殿前的石柱上刻鳌头，因为鳌为龙属，符合皇帝真龙天子的身份。——译者注

② 见《乡村生活》（*Country Life*），1921年1月1日刊。——原注

显然，大约在 19 世纪初，后世的窑厂对这类饰有满地锦纹的红绿彩器进行了仿制。该窑厂使用的款识为"慎德堂"。我们的收藏中有一件器物，落款包括"慎德堂博古"字样，表明这件瓷盘是"慎德堂仿古制"。

此处需要提及一件酒杯，属于乌普萨拉①的旷世收藏。外壁饰有两层卷曲、重叠的花瓣，用红褐釉勾勒图案轮廓，施薄薄的番茄红釉并描金彩。下方饰一周绿彩尖叶纹。与其收藏的所有器物一样，虽然落款为成化，但这无疑是万历时期的作品。

在万历御供瓷器中，杂色器这一项中还提及了五彩器。例如，有五彩荷花云龙、黄地紫荷花凉墩。此处的"紫"无疑是指茄皮紫，而且不难想象这些作品的一般外观。此外，还有金黄地刻花缠枝莲龙纹茶盏，从外观来看，可能是单色器而并非五彩器。黄地五彩香炉，近似于康熙年间的黄地粉彩器，在素胎上直接施绿、紫、白三彩。这类器物在讲嘉靖五彩②时已有详述。

嘉靖一章中描述的很多杂色器③，许多也带万历款。例如，尤摩弗帕勒斯收藏的一件香炉，造型优雅，炉身呈碗状，深浮雕双耳和螭龙状三足，龙尾弯曲延伸到侧壁。黄釉为地，青花绘龙纹和凸起的纹饰部分。赫瑟林顿先生在本系列的第一卷④中，介绍了奥本海姆收藏的一件类似作品。后者的收藏中有一件佳品，施同样的釉彩，但施釉方式不同。它是一件小浅盘，上面绘有蓝地黄彩开光龙纹，即御供瓷器清单中所指的"青地闪黄"。温科沃斯收藏的一件矾红地青花方形高足香炉和一件瓷碟，内饰黄地青花龙纹，外饰翠绿、绿、紫三彩刻花灵芝纹。

插图 89 所示的是一类稀有的杂釉器。一件酱黄釉花觚，用褐彩勾勒纹饰轮廓，并填以透明的茄皮紫彩，素胎施彩。颈部饰以花鸟山石。腹部绘人物风景图，人物有骑马者和持扇者以及背鱼篓的渔夫和放牛的乡民。底足施釉，青花书万历款。H. B. 哈里斯先生藏有一件色彩相近的浅碟。

沃尔特·利维收藏中的一件小杯结合了多种彩绘装饰，因此只能列为杂色器。爵杯呈如意云头状，花口，因复杂的造型而引人瞩目。底足和杯柄为浮雕灵芝。其中一面饰有浮雕螭龙，口中衔折枝灵芝。龙尾盘曲作杯柄（插图 90）。

① 见 R. L. 霍布森所著 *The Wares of the Ming Dynasty*，第 136 页。——原注
② 见 R. L. 霍布森所著 *The Wares of the Ming Dynasty*，第 116 页。——原注
③ 见 R. L. 霍布森所著 *The Wares of the Ming Dynasty*，第 108 页。——原注
④ 见项元汴所著的《历代名瓷图谱》，图 17。——原注

插图 89

明万历黄地茄皮紫人物主题出戟尊，高 9.75 英寸

奥古斯都·弗兰克斯藏（大英博物馆）

插图 90

明万历如意云头祭杯，花口，折枝灵芝螭龙杯柄，素坯描金彩青花五彩装饰，长 5 英寸

沃尔特·利维藏

　　其中一部分装饰是在素胎上施硅酸铅釉，一部分为釉上彩，还有一部分为釉下青花。釉面布满气泡。龙纹是典型的明代青花风格。龙口中的折枝灵芝施红彩。除局部饰青花外，其余内外边纹饰绿、娇黄、茄皮紫三彩装饰的水波纹，局部素坯描金彩。内壁施普通白釉，上绘红、绿彩螭龙。从青花呈色来看，可以推断这件造型独特的瓷杯属于隆庆或万历时期。

第十二章　万历（续）与明末

　　说完杂彩器，接下来应该说一说单色釉器。杂彩器下的一些器物似乎应该归属于单色釉器。当然，我们应该把带或不带刻花装饰的白色器皿，以及刻划龙纹的金黄器皿或黄色器皿归为单色釉器。我们得知，这一时期仍在尝试制作著名的永乐甜白釉，许多极其美丽的甜白釉瓷是万历陶工制作的。可以肯定的是，弘治黄釉和嘉靖茄皮紫釉这一时期仍在生产。皮尔庞特·摩根的收藏①中有一件造型细长、制作精美的绿釉刻花螭耳花觚，其釉色是明代三彩中的草绿色。格兰迪迪耶的收藏中有一件刻"一束花"图案的绿釉刻花纹盘。毫无疑问，除此以外，松石蓝以及颜色深浅不一的青花，比如嘉靖时期的回青，也属于这一时期的单色釉。景德镇当时也生产了一定数量的青瓷，青瓷主要在浙江处州烧制，明代时已日渐衰落。具有代表性的是维多利亚与艾尔伯特博物馆的一件镶有法国金属配饰的碗，碗内壁绘青花纹饰，外部施淡青釉。尤摩弗帕勒斯的收藏中有一件月白浅腹碗，器底落款"万历辛卯年如成家族珍藏"②。大英博物馆中有一件明代的苹果绿釉花瓶，因此苹果绿釉应该列入单色釉清单，而"南京黄釉"应该指"金（京）黄"，呈棕色，富有光泽。我们在嘉靖御供瓷器中发现"金黄""紫金"（枯叶黄）属于同一类。

　　用铜制作釉里红时可能会偶尔产生意想不到的火焰效果。这些效果被称为"窑变"。在中国古代文献记载中，人们提到窑变都十分害怕，迷信那是不好的事情。这种现象的出现曾经有一次令陶工们砸毁窑炉，仓皇出逃。但后来人们理解了窑变的原因，这种现象有了美好的寓意。万历时期的陶工似乎并没有像清朝的后继者那样完全掌握捉摸不定的窑变釉。但大英博物馆里有一件花瓶，可能是例外。从整体风格来看，它似乎是一件明代作品，釉面是紫红色的，间以蓝色和灰色乳浊釉。另一种万历时期的单色釉是肥厚莹润的黑釉③，介于宋代陶瓷的"兔毫釉"或"天目釉"与"乌金釉"之间。殷弘绪声称美丽的乌金釉是康熙时期发明的。

　　大英博物馆的收藏中有一件筒形花瓶，明亮的黑釉渐变成富有光泽的棕色，落万历款。但我们很难相信这是一件真品，有可能是后朝仿制的万历瓷。插图91展示了位于巴黎的米歇·卡尔曼收藏的一件精致的黑色花瓶。它具有明代器物的全部特征。黑色釉面光滑迷人，局部渐变呈富有光泽的棕色。凸起部分的釉层变薄处，呈明显的棕色。

---

　　① 见《1910年伯灵顿美术俱乐部中国早期陶瓷展览图录》，图G16。——原注

　　② 见R. L. 霍布森所著 *The Wares of the Ming Dynasty*，第227页。——原注

　　③ 见R. L. 霍布森所著 *The Wares of the Ming Dynasty*，第160页。——原注

在釉层积聚的地方,黑色更加强烈。

插图 91

明万历鼓腹细颈瓶,黑釉在足底渐变成棕色,高 15 英寸

米歇·卡尔曼藏

　　带有万历款的单色釉器皿是极其罕见的,尽管人们确信上文列举的所有品种都真实存在,但对个别器物的鉴定必须依据风格特征,当然,这一点也颇有争议。

　　另外还有两种装饰在御供瓷器中可能会被放在杂色釉的主题下,即"绞胎纹"或者用化妆土(液体黏土)在彩色的表面装饰。"绞胎"是将两种或两种以上颜色的瓷土糅合在一起,制作成型,或者将两种或两种以上颜色的化妆土混合后施于器表。这种工艺最早可以追溯至唐代,但在明代器物上并不常见。尤摩弗帕勒斯收藏[①]的一件器物的人物局部使用了这种装饰技法。有趣的是,它上面刻有"万历丁酉年陈文成造"的铭文。

　　另一种化妆土装饰方法更常见,当然也更引人关注。在白色或者青绿色的表面施化妆土装饰,制作工艺精湛,颇具特色,在康熙及后朝的瓷器上很常见。殷弘绪在描述 18 世纪初的制瓷工艺时透露了一个十分有意思的信息,即白色化妆土是由滑石制成的。然而,明代用化妆土装饰的器物在许多方面与其并不相同。清代滑石化妆土是不透明的,很像白色涂料。明代的化妆土则显然是半透明的白色液体瓷土,通常厚施于胎体上,再

---

　　① 见《1910 年伯灵顿美术俱乐部中国早期陶瓷展览图录》,图 K37。——原注

用刷子定型。塞夫勒和明顿工厂使用的"Pate sur Pate"（堆花）技法就是它的衍生工艺。通常在深蓝色、棕色或浅绿色的表面饰白色化妆土绘制图案，图案一般饰花卉，风格随意，极具艺术性（见插图92）。

插图 92

豆青釉梅花花瓶，早期泥胎瓷样本，约制作于1500年，高10.5英寸

奥古斯都·弗兰克斯藏（大英博物馆）

这类样本中幸存下来的一些器物许多来自波斯和印度，主要包括花瓶、花盆、形状像水烟碗的瓷瓶、执壶和罐，属于较粗糙的明代外销瓷。它们有可能来自某个特定窑厂，因为胎体、釉面和底足都惊人的相似。这类器物甚至窑厂有可能在明朝之后的很长一段时间仍然存在。但是，我们收藏的这类样本，有许多根据造型和风格应划归明代，有些甚至属于明早期。此外，还有几件带有万历款的器物。其中有一件是大英博物馆收藏的带"玉堂"款的花盆（款识用青花书写在器底的方框内，这一落款很有可能属于明晚期①）。另一件是圆柱形三足花盆，釉面呈咖啡色，莹润而有光泽，白色的麒麟在火焰和卷云中翻腾。图案上方绘一周开花植物。

1910年斯韦思林勋爵在伯灵顿美术展上展出一件用化妆土装饰图案的褐釉器，风格独特。它本来是一件花瓶，加了金属装饰后成了茶壶。关于它的朝代，人们的看法似乎各不相同，但至少不会晚于17世纪。和许多有趣的带有金属装饰的器物一样，它曾经属

---

① 见 R. L. 霍布森所著 *The Wares of the Ming Dynasty*，第145页。——原注

于伯利庄园。

卢浮宫内格兰迪迪耶收藏的一件具有晚明风格的碗,颇具特色,蓝色外壁用化妆土装饰图案,内壁饰釉下青花。有些器物会在化妆土装饰的图案上施釉,有的不施,只待其干燥。卢浮宫收藏的一件罐子上可以明显看到这类装饰,白色的表面用化妆土绘仙鹤图案,胎体呈罕见的粉黄色。另一件是 G. 本森收藏的华丽的花瓶,深蓝色的外壁用白色化妆土装饰缠枝莲纹。

另一种类型的装饰与化妆土装饰别无二致,是将泥片和泥条在胎体上堆塑,再用湿毛笔固定。从大英博物馆收藏的一件花瓶上可以看出其制作过程,但它所属的朝代可能与落款不符,其中一面有一簇百合花堆贴在白色胎体上,另一面用白色泥浆题诗并落款。花瓶表面施黑褐釉,与古老的磁州窑瓷特征相似。但是这件花瓶内施白釉,器底白色方框内青花书"万历庚申",青花呈色偏灰蓝。

明瓷上少见的黑釉①在别处已讨论过。这里值得注意的是,尤摩弗帕勒斯收藏的一件类似的褐黑釉香炉,其深浮雕龙纹图案也堆贴在胎体上。

我们在大英博物馆收藏的一件大盘上也观察到了此类工艺。这件大盘在制作上明显不同,让我们想起了一类有趣但颇有争议的明代外销瓷:深腹盘,厚胎,外罩一层灰蓝釉,釉上绘植物图案,白色泥浆勾勒出羽毛般的叶子,画工精湛老练;大盘底足质地坚硬、粗糙,露胎处呈红褐色,未施釉,圈足粘沙。

其他有相同化妆土装饰图案和粗糙沙底的瓷器样本,表面呈青色或咖啡棕,咖啡棕的颜色深浅不一。通过底足特征,我们能够判断出这一类型的其他装饰风格。一件青花瓷质地粗糙,呈色偏灰;一件五彩刻花瓷,施明代松石绿或草绿、红色和纯白釉。其中大部分发现于印度和东印度群岛。亨特先生②描述了在奥兰加巴德卡(Aurangabad)比比卡巴格巴拉陵发现的一百只白色盘子,这是一批属于奥朗则布大帝(Aurangzeb)的瓷器,也有人说是阿克巴大帝(Akbar)的瓷器。他在书里还画了一件盘子,装饰着红彩书写的《古兰经》和铭文,铭文上刻"这是为阿克巴大帝的仆人制作的"。阿克巴大帝的总司令兼古吉拉特总督汗卡南生于 1556 年,逝于 1626 年。

比贾布尔(Bijapur)是一座 1686 年被奥朗则布摧毁的城市。这里出土了青花瓷、五彩瓷和白釉瓷的残片。而且,除了器物风格和彩釉质量,还有很多证据表明这些是明晚期制作的,也许明代以后这类器物仍在制作。

追溯这类器物的来源并不容易,因为它们通过海上贸易自由流通。它们有可能是在中国的一些地方窑生产后,再通过与东印度群岛有贸易往来的福建港运输。另一方面,

---

① 见 R. L. 霍布森所著 *The Wares of the Ming Dynasty*,第 158 页。——原注

② 见 E. H. 亨特《古老的海得拉巴瓷器》(*Old Hyderabad China*),海得拉巴考古学会杂志,1916 年 1 月刊。——原注

许多收藏家,特别是美国的收藏家,习惯将这种类型的瓷器称为"高丽瓷"。由于没有任何证据表明朝鲜半岛和东印度群岛之间存在海上贸易,因此这种说法并不可靠。

然而,相关证据似乎正逐渐浮出水面,在婆罗洲挖掘洞穴时发现的一些陶瓷碎片①中,有一些种类与高丽瓷有关,其中一类是粗瓷,珍珠白的釉面下有浮雕装饰。当然,这类瓷器到底是中国北方瓷器还是韩国瓷器仍有争议,目前仍在研究中。但另一类青瓷,釉下有褐色化妆土绘制的图案,在日本被称为 E-gorai,是高丽窑所独有的。此外,迪安·伍斯特爵士在菲律宾的一次挖掘中发现了一件青瓷②,具有高丽瓷的所有外观特征。这表明,在过去的某个时期,该地与韩国进行了贸易。早在 16 世纪,我们就从东方旅行者的见闻中得知,高丽国拥有一支非常庞大的商船队。

因此,考虑到朝鲜半岛和南方海域③之间贸易的可能性,有必要认真考虑这组晚明陶器是否来源于某个高丽窑厂,而且必须承认,特殊的铁锈红胎和沙足等特征与一些高丽晚期青花瓷十分相似。大英博物馆的收藏中有一件16 或 17 世纪的瓷罐有类似的特征:砂足,釉面泛灰,有开片,青花描绘图案,画风自在随意,青花呈色匀净。白色碟子也有同样的特征,釉面泛灰,与同一时期的粗糙的高丽白瓷类似。其他类型的瓷器并没有高丽瓷的特征,但十分独特,一定是中国或者高丽国某个特定窑厂的产品。现在或许还没有充分的证据证明到底是哪一个,但至少说明高丽国不应该排除在我们考虑的范围之外。

中国和日本的近代瓷器中,有一种是漆器和瓷器的组合,风格并不协调。幸运的是,明代并不多见。但大英博物馆收藏的一件花瓶表明,万历时期的确有这种装饰。这是一件典型的万历四方铺首衔环花觚④。我们曾经见过这类花觚上用青花或五彩绘龙纹(或龙凤纹)和"寿山福海"这类辅助纹饰。

这件器物纹饰图案相近,上下各绘一周龙纹和寿山福海。褐色的胎体上绘红、绿漆彩,局部刻画细节并描金彩。口沿下方书万历四字款,用青花描绘铺首,后罩上一层釉。剩下的表面未施釉,而罩一层漆完全覆盖,伸手触摸有粗糙感。这件器物做工精湛,漆水质量好,是具有代表性的明代漆器,但有几处剥落的痕迹。这表明瓷器不是油漆合适的赋形剂,而且无须赘述,漆是不透明的,这完全抹杀了瓷器本身的魅力。

《陶说》在总结万历御供瓷器时,也提到了几件民窑制造的瓷器。其他文献⑤提到,

---

① 收藏在大英博物馆。——原注

② 《宾夕法尼亚博物馆公报》,1922 年 2 月刊,第 11 页。——原注

③ 毫无疑问在宋代存在过。在宋代,瓷器是从韩国出口到泉州府的商品之一。参考夏德、柔克义所译的《诸藩志》(Chau Ju-kua),第 168 页。——原注

④ 见《伯灵顿杂志》插图,1922 年 6 月刊。——原注

⑤ 见 R. L. 霍布森所著 The Wares of the Ming Dynasty,第 123 页。——原注

有一种民窑生产的瓷器很受欢迎，那就是周丹泉的仿定窑器。不像其他效仿者，他的仿作很成功。《考槃余事》中提到"仿白定长方印池"，"近日新烧有盖白定长方印池，并青花白地，纯白者，古未有，当多蓄之。且有长六七寸者，佳甚"。所谓"印池"，是指用来装印泥的盒子，属于文房用具。提到青花装饰，就让人联想到所谓的软质青花瓷，后朝的印池就是这样制作的。

根据殷弘绪的说法，在康熙朝，这类青花瓷与普通青花瓷的区别在于，它在胎体中加入了滑石粉，或者在胎体表面施滑石粉。因此，这类器物常常不透明，外观呈土质，釉面开片。特别是在一些形制较小、制作精良、用上好的青花料勾勒纹饰的器皿上，更是如此。

如果釉面开片，釉色呈奶油白，就会让人想起宋朝的土定器（或"土定"）。这些著名的万历印盒，很可能是早期的"软质瓷"或滑石瓷。

17世纪末的《池北偶谈》中记载了杰出的民窑陶艺家的故事：近代的能工巧匠中，论雕竹则濮仲谦，论螺甸则姜千里，论嘉兴铜炉则张鸣岐，论宜兴泥壶则时大彬，论浮梁流霞盏则吴十九。另据《居易录》记载："万历间，浮梁人吴十九①……所制瓷器，妙极人巧。尝作卵幕杯，莹白可爱，一枚重才半铢②。"

吴十九以制作"卵幕杯"闻名遐迩，杯薄如卵壳，颜色如"流霞"。S.W.卜士礼曾译为"朝霞红""朝霞飞度"，暗示其表面泛玫瑰红。《陶录》记载："盏色明如朱砂，杯极莹白可爱。"

关于吴十九，《居易录》"称其能诗，书法赵承旨。性不嗜利，所居席门瓮牖而已。此一雅人，不仅以一技鸣矣"。

事实上，文人雅士慕名而来，并与他对诗，如《陶说》在结尾处引用文人赞美流霞盏的诗句："凭君点出流霞盏，去泛兰亭九曲泉。③"

今天，我们也许不能期望这种超凡脱俗的器皿会出现在我们面前，但我们可以想象它的形状类似小酒杯，釉下红呈深红色，就像人们偶尔看见的18世纪初的精致小酒杯那样。但显然，吴十九还有其他特长，"亦雅制壶类，色淡青如官、哥器④，无冰纹。其紫金壶带朱色，皆仿宜兴时陈样。壶底款为'壶隐道人'四字"。《陶录》在"壶公窑"这一章节解释了"壶隐道人"的内在含义，提到了壶公的传说。壶公，传说拥有神奇的医术。他有一个令人匪夷所思的习惯，那就是他每晚都会消失。最后，人们发现他躲进了挂在门柱上

---

① 见R.L.霍布森所著 *The Wares of the Ming Dynasty*，第228页。——原注
② 不足1克。——原注
③ 指4世纪的一批文人雅士齐聚兰亭所作诗集，后称《兰亭集》。——原注
④ 奥本海姆的收藏中有一件明代风格的执壶，造型呈梨式，颈细长，有柄，釉色为浅月白或者"卵白"，似官窑和哥窑器。尽管釉面有大开片，但是这件器物和吴十九的制作关系不大。——原注

的一个空葫芦里。同样,昊十九将自己隐匿于用如此高超的技艺制作的陶罐中。

《陶录》还提到了小南街民窑的生产情况,但描述得不是很清楚。我们对这些窑器的准确性质依然有疑惑。我们得知,它们尺寸很小,"像一只蹲伏着的蛙",因此被称为"蛙窑"(蛤蟆窑)。

《陶录》还记载:"器粗整,土埴黄,体颇薄而坚。惟小碗一式色白带青,有青花,花止兰朵、竹叶二种。其不画花惟碗口周描一二青圈者,称白饭器。又有撇坦而浅全白者。仿宋碗皆盛行一时,国初犹然。"

这最后一段摘录的意思是相当清楚的,尽管我们并不能确切地知道这些器皿是不是瓷器,"土埴黄"很可能指陶器,如宋代奶油白土定器,或瓷质炻器。令人困扰的地方是引文的第一部分,如何将"蛙"与后来描述的小碗联系起来。一种简单的解释是,蛙是指器物的尺寸大小,这意味着它们都没有一只蹲伏着的蛙大。它虽然和"一支粉笔大小"一样令人模糊,但它确实是一个大致的衡量标准。但是,"蛤蟆窑"这一滑稽的名称应该也不是为了表示纪念。而且,从字面上理解,蛤蟆的比喻似乎并不符合后半部分中对圆形小碗的描述。

我们只能认为,《陶录》中的描述包含了两类叙述,分别指小南街制造的不同类型的器皿,而蛤蟆器皿之所以得名,是因为陶工专门制作蛤蟆形小件装饰器,这显然在中国十分流行。我们已经看到了从宋代开始,各种各样的蛤蟆形状的产品,通常是文房器皿,如水丞和水滴。乌普萨拉著名的海恩霍夫珍宝屋中有一件制作于明末的蛙形装饰器皿,博蒂格博士在他所著的珍宝柜①图录中配了插图并描述它为"灰褐色的高度玻化的瓷器"。事实上,它是一种粗瓷,造型是蹲着的蛤蟆,长 2.5 英寸,半张着嘴,身体和嘴上的圆点用白色黏土点缀,突出的眼睛是白色的,瞳孔是黑褐色的。这一定来自明晚期的蛤蟆窑,可能是在小南街制作的。

弗农·韦瑟德先生有一对蹲着的蛙形雕塑(插图 93),与海因霍夫的那一件大体相似。然而,它们属于白瓷,蛤蟆皮肤上的圆点在浅绿地的映衬下格外醒目,长方形的底座上点缀着绿、黄和深茄皮紫斑。这种被称为"虎皮斑"和"菠菜鸡蛋(egg and spinach)"的斑驳装饰,虽然在康熙瓷器上更常见,但也出现在大英博物馆②的一件晚明碟子上。它和韦瑟德先生的蛙形雕塑可能属于同一时期。

---

① 见 R. L. 霍布森所著《中国陶瓷》第 2 卷（*Chinese Pottery and Porcelain*, *Vol.* 2）,图版 107 图 1。——原注

② 见 R. L. 霍布森所著 *The Wares of the Ming Dynasty*,第 167 页。——原注

插图 93

蟾蜍雕像，绿色背部点缀白点，肚皮白色，眼睛黑色，底托施绿、黄、紫三彩，高 4.5 英寸
弗农·维瑟德藏

明 朝 末 年

在明朝末年的王朝斗争中，我们没有听到任何关于景德镇御器厂的消息，我们只能从我们手中的这些带落款的样本中构建起关于这一时期的器物的故事。必须承认的是，这一时期的样本很少，而且总体而言，质量一般，除了马斯登·佩里收藏[1]的一件精美的玲珑瓷，这表明玲珑制作工艺得到了延续。大英博物馆的两件五彩碟给人的印象是制作工艺粗糙，色釉质量不佳。其中一件饰绿地紫釉刻花龙纹，落天启款（插图 94）；另一件质地类似，罩绿、黄、茄皮紫釉，呈色斑驳，这种装饰叫作"虎皮斑"。这两件器物都是在涩胎上施彩。一些所谓的"茄子碗"也属于这一时期，在茄皮紫地上的刻花折枝花卉上施绿彩，或在绿色的胎体上施茄皮紫或黄彩，这种类型在后来持续了很长一段时间。

我们还发现了落天启款的青花瓷，如大英博物馆的一只筒形香炉和一只碗。前者青花绘卷草纹，青花呈色暗淡。另一件绘四爪龙纹，青花发色同样偏灰。这两件器物的质地都较粗糙。质量较好的两件是一对小花瓶，落"天"字款，虽然有权威人士根据落款认为其属于天启时期，但仍值得怀疑。落崇祯款的器物更为罕见，同一系列中的两个小酒杯落崇祯款，用青花绘鹅和稻穗，青花发色灰青，釉面不纯净。

---

① 见 R. L. 霍布森所著 *The Wares of the Ming Dynasty*，第 145 页。——原注

插图 94

绿地茄皮紫釉刻花龙纹浅盘，外壁施黄釉，底部施白釉，书天启款，直径 7.5 英寸

奥古斯都·弗兰克斯藏（大英博物馆）

如果御器厂此时处于生产停滞的状态，那么民窑很可能就会在满足国内市场需求的同时不断增加对外贸易。澳门的葡萄牙人和菲律宾的西班牙人享受对华直接贸易的便利已有一个世纪之久，直到荷兰人出现在竞争场上。荷兰人是中国瓷器尤其是青花瓷的最大进口商。我们发现中国人从那时开始改变他们的产品式样，以适应欧洲的需求。比如圆柱形大酒杯，柄部有一个用来连接金属盖的孔的类似器皿也开始生产。最具代表性的是贝莱特先生的一件饰荷兰风格金属配饰的器物①，年代最早可以追溯到 1632 年至 1648 年。它与一大批青花瓷的特征一样，具有典型的明末清初过渡时期的风格。这件花瓶质细料厚，适合外销，胎体洁白，底部平坦未施釉，釉汁肥厚多气泡，青花发色呈紫罗兰色，釉下布满气泡，让人想起生动的比喻"牛奶中的紫罗兰②"。装饰图案的特征也很明显，表明使用了传统的纹饰图案。其中之一就是山水人物场景，一座山从云海中浮现出来，花草用一连串"V"字形纹饰描绘，笔法老练。饰蕉叶纹、卷草纹和郁金香等，这些都是可以进一步识别这种过渡期器物的特征（插图 95）。

---

① 见《乡村生活》（*Country Life*），1921 年 1 月 29 日，图 10。——原注
② 见 F. 帕金斯基所写文章，《伯灵顿杂志》，1910 年 12 月刊和 1913 年 3 月刊。——原注

插图 95

青花人物山水葫芦瓶,颈部绘郁金香,约制作于 1640 年,高 12 英寸

奥古斯都·弗兰克斯藏(大英博物馆)

大英博物馆有一件样本,颈部绘这一类型特有的郁金香图案,其欧洲风格装饰也十分有趣。这是一件朝圣者扁瓶,圆腹。其中一面方框内绘西班牙元符号,由于它属于几个特定的王朝,因此西班牙元的年代可以确定。但器物的风格似乎表明它属于腓力四世(1621—1665 年在位)。

通过对这种过渡时期的青花纹饰和原料特点的比较,我们发现还有几件符合万历时期釉色搭配的青花五彩瓷也属于这一类。在我们的发现中,这类器物数量众多,很有可能被大量出口到欧洲和近东地区。这一时期,器物上偶然可见另一种在青花纹饰上施一层透明绿釉的风格。比如,卢浮宫格兰迪迪耶收藏中的一件造型优美的花觚就是如此,青花属于过渡时期的风格。尤摩弗帕勒斯先生的一件典型的晚明波斯风格的外销瓷,用青花绘麋鹿和风景,纹饰填绿彩。从器皿的特征来判断,它属于天启时期。耶茨收藏的一件单色釉花觚似乎属于过渡时期,刻花图案上罩一层深紫色釉。

明末的这类瓷器与万历瓷器的另一个共同特征是,釉下用针刀刻划一周浅淡的卷草纹或类似图案。这一特点值得注意,因为有人说,这种装饰只在雍正时期及之后才出现,这是不正确的。

第十三章　福建陶瓷

福建省自古以来就以陶瓷闻名。宋代建宁府的建安县和建阳县（今建阳市）也因茶碗颇负盛名。这些茶碗属于陶器，胎体为深棕色，釉面肥厚莹润，呈紫黑色，带棕色和银色条纹或斑点。在生产茶壶之前，这类茶碗因颜色和釉质肥厚而受到饮茶者的称赞。A. L. 赫瑟林顿先生在本系列丛书第一卷中讨论了早期阶段的建窑瓷（或福建瓷），但我们对宋代以后的建窑历史知之甚少。大英博物馆收藏的一件不起眼的小壶，属于炻器，胎体为浅黄色，釉面呈半透明的褐色，可能是另一种宋代建窑瓷。它被发现于建宁府的一座古墓中，墓碑上所刻的日期为 1560 年（嘉靖时期）。

显然，此时的建窑早已没有了往日的辉煌。事实上，如今"建窑"一词指泉州府德化以南一百多里处烧制的另一种极其美丽的白瓷。据《陶录》记载，白瓷最早在明代烧造。"碗盏亦多撇口，称白瓷，颇滋润，但体极厚，间有薄者，惟佛像殊佳。"康熙时期的《钦定古今图书集成》进一步提道：制作白瓷的瓷土出自德化程寺后山之中，制备精细；胎体若太薄则易在窑中受热变形，太厚则易开裂。因此，德化白瓷最初价格极高。至 1700 年左右，也就是《钦定古今图书集成》成书期间，白瓷已分布广泛，价格也不再令人望而却步了。除这些少许信息外，我们从其他中国著作中几乎无法了解到此类瓷器。

我们的收藏中有不少德化白瓷，它们能证实并补充之前少量的中文文献记载。德化白瓷无疑丰腴莹润，胎体洁白，呈玻璃光泽。釉面细腻温润，与胎体完美融合，难以分辨①。釉面色调变化不一，有时呈牛奶白、奶油白，有时泛玫瑰粉，釉面质感如牛奶冻般光滑。通常来说，白瓷厚度较大。近代的一部中国陶瓷文献②中有关于白瓷的记载："色白如玉，滋润莹厚。略带红色，坯骨重者为上。"有时，细薄的胎体经过窑炉的高温烧制后，几乎与乳白的玻璃别无二致，但这种情况很少。杯、碗是白瓷常见的品种，杯子的造型通常是仿牛角或青铜器的形状。其他受欢迎的器型还有香炉、笔筒、笔洗、水滴和其他文房用具。

除塑像外，其他瓷器往往也极具艺术性。其他的装饰包括贴塑（如折枝梅花等）或刻花装饰。

---

① 尽管胎釉完美融合，但仍会有釉料剥落的情况。尤摩弗帕勒斯收藏中有一梅花图案的花瓶就是如此，可能是明代瓷器。见 R. L. 霍布森所著《中国陶瓷》第 2 卷（*Chinese Pottery and Porcelain*, *Vol. 2*），图版 86。——原注

② 此文献为《礼塔龛考古偶编》，张金鉴著。——译者注

然而,福建彩瓷一般不精美,不过也有少数用红、绿、黄以及典型的明代松石绿等彩料绘制图案,具有明代造型特点的彩瓷(如尤摩弗帕勒斯收藏的双层温碗)。这一类型的瓷器虽然质量一般,但有人坚信是在明代烧制的。另外,纯白色瓷器的断代也是个问题(真正精美的福建瓷器大多是纯白色的)。这是中国瓷器研究中最难的问题之一,拍卖商和商人们随心所欲地把有一点点价值的福建瓷器都称为明代瓷器,这种做法无济于事。

粉白色瓷器属于明代这一说法站不住脚,因为我们的收藏中有这种制作精良的瓷器,无疑属康熙朝。藏于威尼斯的著名的"马可波罗花瓶"和德累斯顿系列收藏的"十字军盘"不再认为是明代生产的①。实际上,我们必须重新依靠已有的证据来给一件至少有三百年历史的白瓷样本断代。

显而易见,其中有一些是明代的。中国权威人士告诉我们,福建白瓷始于明代,当时瓷器稀少且因烧制困难而价格昂贵②。我们可以从 17 世纪末和 18 世纪初欧洲最早的仿品来追溯大量的福建白瓷。将这种瓷器称为"中国白"的法国人,在圣克鲁市和其他地方成功地制作了极其相似的仿品,但是这些都不属于明代。

在德累斯顿收藏中有一只白色的小酒杯,有 16 世纪风格的金属配饰。它与同一类收藏系列中 1700 年左右获得的其他酒杯,别无二致。有时,我们通过器物的造型或特定风格可以判断其属于明代,但从人物雕像来看,特别是那些历史悠久的宗教人物,就不能肯定了。其实,按照惯例,聪明的办法就是注重瓷器本身的质量,而不去管它属于明代还是清代。

综合这些因素,我们挑选出两件具有代表性的福建瓷像作品。在中国雕塑瓷像中,福建白瓷塑像精美绝伦,质地细密,雕刻精湛,连对瓷器不感兴趣的人都忍不住多看几眼。在许多大型收藏中都有代表性的福建瓷像,其中最好的莫过于维多利亚与艾尔伯特博物馆中素廷收藏的两件:一尊造型巧妙的菩提达摩"一苇渡江"像③和一尊《三国演义》中的英雄关羽像④。关羽在 12 世纪备受推崇,在 1594 年(明朝万历年间)被神化,由"王"晋爵为"帝",称为"关帝"。相比之下,插图 96 更具个人色彩,是一个手拈念珠的僧人,用最精致的象牙白瓷精心塑造。瓷像并非想象中的一本正经,而是极具写实特征,像取材于日常生活。

---

① 见 R. L. 霍布森所著《中国陶瓷》第 2 卷(*Chinese Pottery and Porcelain*,*Vol.* 2),第 113 页。——原注

② 见 R. L. 霍布森所著 *The Wares of the Ming Dynasty*,第 173 页。——原注

③ 传说达摩渡过长江时,并不是坐船,而是在江岸折一根芦苇,立在苇上过江的。——译者注

④ 见《乡村生活》(*Country Life*),1922 年 2 月 11 日刊。——原注

插图 96

手拈念珠僧人雕像，福建象牙白瓷，略呈红色，高 10.375 英寸

J. 洛夫藏

　　除德化窑外，还有很多私人窑厂也烧制白瓷，但是质量堪忧。白土是烧造白瓷必不可少的原料，《钦定古今图书集成》引用了被称为"17 世纪工艺百科全书"的《天工开物》，书中提到了发现白土的地方。其中包括直隶定州、山西平凉府华亭州（显然指今甘肃平凉市华亭县）、山西太原府平定州、河南开封府禹州、福建德化县、安徽婺源县和祁门县。婺源和祁门为景德镇提供白土。

　　我们知道德化白瓷白度好，但上述其他窑口的瓷器普遍呈色暗淡，白中闪黄，凑在一起也比不上饶州（即景德镇）瓷器。

　　文献并未提及明代陕西和山西是否有窑厂，但这是非常有可能的，只是我们对其烧造的瓷器一无所知。市场上偶尔会出现一看就知道是由地方窑厂烧制的各种各样的瓷器，因此我们有必要了解它们的存在。

　　《泉州府志》中提到磁灶和德化以南的安溪所烧造的白瓷，不如饶州产。《邵武府志》中也提到了该地烧造白瓷，与饶州产的瓷器相去甚远，邵武府位于福建省西北部。这些瓷器都有可能在明代烧制。

温州府,曾隶属福建,现隶属浙江,很早就以陶器闻名。它与处州府和被誉为"青瓷之乡"的龙泉相距不远。官方并没有温州府制瓷情况的记载,但大英博物馆收藏的一件颇具明代风格的青花瓷神仙坐像,上面有文字描述其产自温州。尽管这一说法并不准确,但是碰到连收藏家也不熟悉的其他或者类似的瓷像时,它还是有参考价值的。另一件颇具争议的样本是大英博物馆收藏的一件赏心悦目的青花瓷瓶①,青花呈色柔和,颇具明代风格,落款"福建边境烧造",可能指邵武府或温州府。除了少数几件存疑的作品,我们的收藏中再没有其他作品与偏远的福建窑厂有联系了。再者,我们甚至都不知道这些窑厂在明代是否依然烧造瓷器,对它们做进一步研究很难为我们提供价值。

---

① 《伯灵顿杂志》(*Burlington Magazine*),1910 年 10 月刊。——原注

第十四章　宋代陶瓷在明代的发展

青　瓷

　　龙泉青瓷的烧制在宋代达到顶峰，现代收藏家用日语称这种美丽的瓷器为"kinuta"。A. L. 赫瑟林顿先生在他的著作中已对它们进行了描述，因此这里不再赘述。然而，"龙泉青瓷的烧制早在明代以前就已终止"这一论断或许过于草率，尤其是最近几年我们发现了许多残片，其造型更是引发了我们的猜测，那就是青瓷的烧制可能持续到了明代。我们对浙江龙泉地区的陶瓷业了解不多，可我们知道，宋末元初章氏兄弟①在琉田将其发展到了顶峰②。据《陶录》记载，龙泉陶工于明初迁入县城处州③，他们在新址烧制的瓷器尽管风格与旧址烧制的相似，但是质量却没那么好。当地传说，在明末，新址处州的陶瓷发展走到了尽头。

　　典型的明代青瓷胎体呈灰白色，釉面呈海水绿，釉层肥厚，色调深浅不一。处州的黏土含有铁，这无疑有助于青色色调④的发展。在烧制过程中，露胎处，比如圈足，明显呈赭褐色。龙泉青瓷圈足的特征明显，从盘、碟的底足就很好辨认，很多学者认为这是明代龙泉青瓷所特有的。但我们认为这种辨别宋代与明代青瓷的简单方法并不可靠。我们也不能仅仅从青瓷的装饰风格来分辨，因为明代青瓷依旧沿袭了宋代的传统风格，采用划花、刻花、模印或贴塑的装饰方法。要区分宋、明这两个朝代的青瓷，唯一可靠之法就是仔细研究造型及装饰风格。宋代瓷器上的划花和刻花图案更随意洒脱、遒劲有力，引人注目；反观明代瓷器装饰，图案呆板且繁密。当然，这种辨别方法是否有效取决于个人的判断，观点因人而异。然而，有一种青瓷几乎可以肯定是明代后半叶的产品，釉色呈淡淡的水绿色，色调偏灰，从插图97可以看出其装饰风格。这是维多利亚与艾尔伯特博物馆收藏的一对花瓶的其中之一。从落款铭文可以看出，此花瓶是1547年某人为感激爱子出生而献给汉丰庙的。

---

　　① 古龙泉窑在琉田烧造。处州人章生一、章生二兄弟俩在龙泉分别建造了瓷窑。章生一所烧的窑名为"琉田窑"，又名"哥窑"；章生二所烧的窑名为"龙泉窑"，又名"弟窑"。——译者注

　　②《古今图书集成》卷248第13页。——原注

　　③ 浙江省丽水市的古称。——译者注

　　④ 现代青瓷釉是铁质黏土与普通瓷釉的混合物，有时会加些钴料。——原注

插图 97

浅绿青瓷釉刻缠枝花卉纹瓶,铭文 1547 年,高 12 英寸

G.哈特藏(维多利亚与艾尔伯特博物馆)

　　另一件代表性器物是 1530 年坎特伯雷的大主教威廉·渥兰捐赠给牛津大学新学院的青瓷碗①,带有一些明代风格特征,釉面呈暗淡的灰绿色,隐约刻有莲瓣纹,内绘三叶草。毫无疑问,它是在 16 世纪初烧制的。

　　青瓷坚固耐用,很早就成为出口贸易的主要货物。我们在中国贸易陆路沿线,以及印度洋②及其水湾附近的港口,甚至在地中海沿岸等西亚地区都发现了青瓷的踪迹。如今,我们大部分的青瓷收藏是近年来从波斯、印度和埃及获取的,土耳其苏丹在君士坦丁堡也有大量贵重的青瓷收藏。青瓷有一个特点深受人们喜爱,那就是它神奇的验毒和解

----

　　① 见《1910 年伯灵顿美术俱乐部中国早期陶瓷展览图录》E20 及《乡村生活》(*Country Life*)1920 年 10 月 9 日刊。另一件有历史意义的是卡塞尔博物馆收藏的 15 世纪的青瓷(德累斯顿陶瓷收藏馆馆长齐默曼收藏)。然而和华尔哈姆碗一样,金属配饰掩盖了它的光芒。——原注

　　② 有关青瓷的出口贸易及其发现的相关记载,见 R. L. 霍布森所著《中国陶瓷》第 2 卷(*Chinese Pottery and Porcelain*, *Vol*. 2),第 86 – 88 页。——原注

毒功能。这一说法随之传到了欧洲①，许多迷信者深信不疑，甚至相信其他中国瓷器也有这一功能②。

　　谈到早期中国商品的运输路线，我们就要了解中国与桑巴之间的贸易，桑巴无疑是指桑给巴尔③。在这里，已故的约翰·柯克爵士收藏了大量的青瓷盘和青瓷罐。16 世纪葡萄牙人确立了对远东海上贸易的控制权之后，中国的贸易运输难以为继，但从大部分柯克爵士收藏的青瓷的外观可以看出其起源于明代。因此，我们推断它们属于明代上半叶。有一种敞口罐，罐身下部有莲瓣纹，上部刻有缠枝花纹④。这种瓷罐厚实坚固，底部下承浅盘，通过流釉与胎黏合，造型独特。插图 98 所示就是这种瓷罐，但装饰更为精致。口沿绘一周褶皱形饼干皮边饰。底部刻一周凹槽纹。主题纹饰十一面开光，开光内动物和花卉浮雕交错装饰。釉面肥厚光滑，呈灰绿色。插图 99 所示是一件造型纤细的花瓶，釉色呈深青瓷绿，轻微开片，狮面双耳，高圈足，瓶身呈栏杆柱状。此造型深受明代陶工影响。花瓶底部落款"陈珍山制"四字⑤。

插图 98

浅灰青瓷釉敞口罐，十一面开光，内饰浮雕花卉鸟兽，制作于 15 世纪，高 9.25 英寸

G. 本森收藏

---

　　① 见约瑟夫·马里亚特所著的《陶器与瓷器》（*Pottery and Porcelain*）第 245 页。法国画家夏尔丹在描述他 1665 年左右在波斯的经历时也说："国王的所有东西都是大量的黄金或瓷器。其中有一种非常珍贵的绿色瓷器，仅一个盘子就值四百个皇冠。他们说可以通过这种瓷器的颜色变化来验毒，但这是一个传说。"——原注

　　② 见 R. L. 霍布森所著 *The Wares of the Ming Dynasty*，第 106 页。——原注

　　③ 非洲坦桑尼亚东部的沿海城市。——译者注

　　④ 见《乡村生活》（*Country Life*），1920 年 10 月 9 日刊。——原注

　　⑤ 见 R. L. 霍布森所著 *The Wares of the Ming Dynasty*，第 227 页。——原注

插图 99

青瓷绿裂纹釉狮面双耳瓶,落款"陈珍山制",高 10.5 英寸

斯蒂芬·温科沃斯藏

定　窑

　　另一个宋代名窑是定窑,起源于直隶定州。最好的是一种白色瓷器,施美丽的象牙白釉。器表有流釉现象,形成"泪痕"①。还有一种称为"土定",胎体硬度低,且透明度低,乳白色釉面有轻微开片。与龙泉青瓷一样,其主要装饰是刻花和印花。

　　据历史记载,明代一直在烧制"南定"。这段历史我们知之甚少,直到嘉靖朝才有相关的信息。当时,连最聪明的陶工周丹泉都专心烧造"南定"瓷器。周丹泉,也就是唐太常鼎炉故事的主人公。他善于仿古器,所仿造的文王鼎炉②和兽面戟耳彝,尤为逼真,与真定非常相似,只要适当擦拭以减少窑炉的光泽,就能以假乱真。

　　周丹泉曾经看过唐太常③收藏的定鼎,他边看边用手指度量尺寸,并将鼎纹临摹下来

---

① 定瓷流釉往往呈条状,宛如垂泪,故称"泪痕"。——译者注

② 一种著名的商代青铜香炉。——原注

③ 太常,古代朝廷中掌宗庙礼仪之官。——译者注

藏起,之后回到家中仿造,作品极为逼真。别后半年,他拿着仿定鼎去谒见唐太常,唐太常发现自己所藏的白定鼎炉和周丹泉的居然一模一样,于是就以四十金买下,并将其置于真定鼎旁边。几年后,另一位收藏家对唐太常的古定鼎梦寐以求,恳求唐太常忍痛舍弃一件定鼎,唐太常最终同意以千金将周丹泉的仿品卖给他①。事成之后,这位新主人非常开心。

周丹泉并不是他那个时代唯一的仿定瓷名家。《博物要览》中提到的玉兰杯、盖罐香炉、筒形香炉,饰各色各样的链甲纹、球门纹、龟纹装饰,但"制作极工,不入清赏,且质较丹泉之造远甚"。

《景德镇陶录》让我们对仿定瓷有了进一步了解,引用了 16 世纪的著作《考槃余事》②中的记载:"近日新烧有盖白定长方印池,并青花白地,纯白者。"这些印池受到热切追捧,"且有长六七寸者,佳甚。"这种印池上的青花,顿时让人联想到带滑石的青花瓷,收藏家称之为软质瓷③。它很可能是一件带开片的釉下青花土定瓷。

据我们所知,明末甚至更早,就有大量的定瓷生产。当然,我们的收藏中也有许多定瓷,但很难鉴别,原因有二:第一,大多数情况下,这些定瓷的造型比较古朴,因此很容易被误以为是宋代瓷器,毕竟四百年以来,它们的表面已经没有了"窑炉的光泽";第二,在康熙、雍正、乾隆年间生产了大量精美的软质瓷,它们属于定瓷的一类。因此,宋朝和清朝都有定窑器生产的记载,属于明代的器物自然就不多了。

我们承认,这一观点有失偏颇,但我们几乎没有办法纠正它。如果 16 世纪周丹泉的鼎炉可以完全骗过中国鉴藏家,那我们又怎么能将今天的仿品与真正的宋瓷区分开来呢?

另一方面,清代的软质瓷精雕细琢,胎体呈浅黄色,釉面呈奶油白,精致的刻花图案,风格古朴,无论在哪个时代都是珍品,主要有盛放花束的小花瓶、水壶、笔洗、笔架(见插图 100)、朱砂印盒和其他精致的文房器物。其中有一些器物无疑是明代生产的,但和福建白瓷一样,我们目前无法准确地鉴定,所以还不能肯定我们的判断。因此,在欣赏这些精美的乳白色瓷器时,它们的年代也就成了大家讨论的话题。A. L. 赫瑟林顿先生④就公开展示了两件明代定瓷。

---

① 原文说法可能有误。据《石斋笔谈》记载,是淮安一个叫杜九的人到浮梁,从太常的孙子那里以千金得周丹泉的仿古定鼎。——译者注

② 由明代文人屠隆编纂,专门记载古代美术、工艺美术作品的笔记。——译者注

③ 见 R. L. 霍布森所著 *The Wares of the Ming Dynasty*,第 163 页。——原注

④ 见 A. L. 赫瑟林顿所著《中国早期陶瓷器物》(*The Early Ceramic Wares of China*),图版 25。——原注

插图 100

定窑笔洗,釉色洁白光润,口沿处有较浅的划花纹,直径 3.75 英寸

大英博物馆藏

宋、元时期,类似定瓷的白瓷制造非常普遍①,据我们所知,有一些地区一直烧至明代,但其他地区是否仍在继续烧制,我们也不清楚。

比如,元、明时期有许多江南窑厂,如安徽宣州烧制一种轻薄的白瓷,胎体呈土色。有一些我们熟悉的精美花瓶属"南定",釉色呈牛奶白,釉汁肥厚,偶尔开片,带浅褐色斑点。有时釉面呈颗粒状,类似鸵鸟蛋壳。这种类型被人们称为"南定"。但是,这类瓷器在收藏系列中②大多被认为是宋代的。

磁 州 窑

另一类瓷器是早期在直隶省③南部的磁州(今邯郸市磁县)烧制的,中国学者认为它属于定窑体系的一种。由于它品种丰富,至关重要,当代陶瓷专著专门有一章对它进行介绍。无论从生产历史还是时间跨度来说,其他窑址都无法和磁州窑相比。它最早可以追溯到 6 世纪,至明代依旧很活跃,延续了其鼎盛时期宋代的特点。磁州窑瓷器是一种近乎瓷器的炻器,胎质坚硬闪灰,有的罩一层奶油白釉,有的在奶油白釉下施一层白色化妆土,有的施一层黑色或褐色化妆土。装饰纷繁多样,大致分为两类:彩绘和刻花。

刻花装饰通常是在胎体表面施一层化妆土,再刻划花纹,露出胎地。这种装饰手法用于花瓶,上面刻划大朵缠枝花卉,风格华丽豪放。

---

① 相关窑厂可见 R. L. 霍布森所著《中国陶瓷》第 2 卷(*Chinese Pottery and Porcelain*,*Vol.* 2)第 7 章及 A. L. 赫瑟林顿所著《中国早期陶瓷器物》(*The Early Ceramic Wares of China*)第 14 章。——原注

② 见 A. L. 赫瑟林顿所著《中国早期陶瓷器物》(*The Early Ceramic Wares of China*)以及 R. L. 霍布森所著《中国陶瓷》第 2 卷(*Chinese Pottery and Porcelain*,*Vol.* 2)第 97 页。江南指现在的江苏和安徽两省。——原注

③ 今河北省。——译者注

彩绘装饰包括两种：一种是在胎体上用黑色或褐色化妆土进行彩绘装饰，再罩上一层釉，通常是白釉，偶尔施蓝釉或绿釉；还有一种是先在坯体上施一层化妆土，再罩一层釉，釉上施红绿彩。在有些磁州窑样本中，釉上彩绘颜色组合有茄皮紫、绿、和松石蓝三种颜色，类似明代三彩的风格。然而，必须承认的是，最后一种和蓝釉器不见得是磁州窑烧造的，虽然从风格上看，可能如此。但别忘了，山东博山县等其他窑厂也生产按照这种方式烧造的类似器物。

在公共和私人收藏中有很多磁州窑瓷器，但是由于一直沿用传统装饰风格，断代极为困难。商人们只要愿意就可以将所有的磁州窑产品认定为宋代，但这显然是荒谬的。收藏家们更倾向于认为现存的一部分磁州窑瓷是明代烧造的。但即使是他们，对其中有很大一部分是清代烧造的这一论断也不置可否，然而，这种情况可能性极大。

幸好，我们有几件年代已知的样本作为参考：大英博物馆收藏的一件宋代刻花器皿；尤摩弗帕勒斯收藏的一件元代施化妆土的褐彩刻花鼓腹瓶，同一组收藏①的另一件元代卵形黑彩罐；还有几件落万历款、带化妆土和彩绘装饰的瓷器。除此以外，我们还必须依靠造型和装饰的大致风格断代，尽管我们知道典型的明代风格是红绿彩，这也是本书的重点。

插图 101 中的器皿也属于这一朝代。常见的黑褐色化妆土结合红绿彩绘，绘画具有

插图 101

墨彩梅瓶，乳白釉上施红绿彩，磁州窑瓷，高 13.5 英寸

乔治·尤摩弗帕勒斯藏

---

① 见 R. L. 霍布森所著《中国陶瓷》第 2 卷（*Chinese Pottery and Porcelain*, *Vol. 2*），图版 30。——原注

明代早期风格。插图 102 是其中一件较有争议的瓷器,其装饰风格与明代早期的磁州窑瓷最为接近,但其胎体比一般磁州窑瓷更红,釉色透明,有开片,呈淡青色。插图 103 所示是人形瓷枕,其造型是一个躺着的仕女,洁白的胎体上用黑褐色化妆土彩绘,瓷枕上落"风花雨月"字款,寓意深远。

插图 102

釉下黑彩梅瓶,三面开光,两面人物画像,一面白鹳画像,制作于 15 世纪,高 10.5 英寸

奥古斯都·弗兰克斯藏(大英博物馆)

插图 103

黑褐彩仕女枕,长 11 英寸

大英博物馆藏

钧　窑

位于河南开封附近的钧州窑厂，从宋代至元、明时期，以杂釉瓷闻名。可如何去辨别这几百年来烧制的瓷器也是一个难题。人们习惯把那些胎质如炻器般粗糙，颜色呈淡黄或红、棕色的钧瓷归为元代，而收藏家们至今都没想过它们可能是明代生产的。

据《钦定古今图书集成》中陶器一章引用的明代官方记载，宣德年间，钧州和磁州生产的大量花瓶和酒罐都被送往宫廷，嘉靖年间也是如此。此外，我们推测，钧州窑厂在1563年之前就一直接受朝廷补给，因为在这一年，朝廷减免了征收瓷器的税款，补贴也同时取消了。

问题是，15、16世纪送往宫内的花瓶（有花瓶和花坛）和酒罐是怎样的呢？它们是否施鸽灰色和淡紫色的高温乳浊釉，上面是否有蓝、紫色的条纹，是否到处有深红斑？

我们所知道的典型明代酒罐，呈花瓶状，带圆顶盖，高肩，敞口，为椭圆形器皿。但这些都与钧瓷器型不相符，钧瓷通常都是小件器皿。那它们会不会是"软钧"（陶胎，壁厚，胎体泛黄，施泛松石绿或淡紫色光泽的透明乳浊釉）？这种器物在中国也被称为"马钧"[1]，宋代和明代都有，而且大多无疑被视为明代器物。但我们不熟悉大件钧瓷器物。马钧瓷几乎都是小件。

当然，钧州陶工有可能用明代流行的其他风格来烧制瓷器。其实，在钧州窑址发现的十分有趣的三足洗似乎说明了这一点，这件三足洗是由吴启州先生送给大英博物馆的。赫瑟林顿先生关于早期陶瓷[2]的书中就提到过这件瓷器，下承三个云头形足，口沿下方饰一周乳钉纹，表明其延续了宋代瓷器的式样。也有人指出其胎体泛灰，与精美的钧窑器相似，所以它们无疑是用同一种黏土烧制而成的。但它不施宋代乳浊色的长石釉，而是局部施质地较硬的松石蓝硅酸铅釉、深茄皮紫釉，带黄斑。其实，这是一件残品，而且釉料已经烧坏了，除局部的松石蓝釉外，其他都不值一提。这些松石蓝釉非常漂亮，与拉斐尔先生的精妙绝伦的花瓶（插图9）没什么两样。显然，这是一件仿明三彩瓷器，其釉料与有掐丝珐琅风格和素胎彩绘装饰[3]的大酒罐和花瓶上出现的釉料极为相似。关于这些酒罐的来源尚不清楚，有的胎质精细，属瓷胎；有的胎质粗松泛灰，属炻器。其中许多是在景德镇烧制的，但其他窑口肯定也有烧制。根据吴启州先生的三足洗，我们大胆地猜测钧州也有烧制。虽然很难通过真正的钧瓷样本来证明以上言论，可这并不意味着当时没有使用传统钧釉。事实上，从马钧器的制作似乎可以看出，情况恰恰相反。可以肯定的是，该窑口生产的器物中，有的保留了传统风格，而有的则不然。无论如何，人们

---

① 显然以烧制此种器物的陶工之名命名。——原注

② 见 A. L. 赫瑟林顿所著《中国早期陶瓷器物》（*The Early Ceramic Wares of China*），图版16。——原注

③ 见 R. L. 霍布森所著 *The Wares of the Ming Dynasty*，第30页。——原注

对传统钧釉的喜爱还未消失,因为项元汴在他写的作品中谈及了一些,而且明末有一名为欧子明的宜兴制陶艺人,因巧妙逼真的仿钧窑闻名①。

---

① 见 R. L. 霍布森所著 *The Wares of the Ming Dynasty*,第 197 页。——原注

第十五章　广东陶瓷和宜兴陶瓷

广 东 陶 瓷

广东省的陶瓷不计其数,毫无疑问,其中有一些是相当古老的。然而,我们所了解的信息仅限于近期展览中一些现代产品的描述。另一方面,我们对广东附近所生产的重要陶器的历史了解也有限。这些陶器的产地位于石湾①,靠近广三铁路沿线的工业大城市佛山,距广州以西大约十英里。1859 年,亨利②访问并描绘了石湾。他写道:"佛山附近的石湾,以釉陶闻名中国,有各式各样的陶塑,包括座凳、花架、格栅、栏杆、花盆、瓦片、动物、水果、花瓶、盘子和种类繁多的装饰物。这种类型的器物物美价廉,胎釉色彩繁多,以红、白、蓝、绿为主。"

这种石湾陶瓷最常见的类型俗称广东炻器或佛山陶器,由高温材料制成,底足通常呈深棕色,有时为浅灰黄色和浅黄色,胎釉浑厚光滑,斑痕明显。"其颜色通常呈带青灰色条纹或斑点的蓝色,或带白斑的橄榄棕色,或带灰、蓝色斑点的绿色。"蓝色瓷器颇受欢迎,但牛血红釉瓷也受到收藏家的青睐。另一种瓷器胎体呈红棕色,施青瓷绿釉。

这种瓷器常见的形式有花瓶、盘子、塑像、鱼缸等,很容易辨认出是广东瓷器,但是牛血红釉瓷和青瓷常常判断失误。所以给石湾陶器断代是比较困难的。如今制造业蓬勃发展,人们在旧金山唐人街购买的当代商品,常以明瓷甚至宋瓷的名义在伦敦拍卖。

要找到一件确定无疑的明瓷真品并非易事。有一些从形制或者风格和釉色的细腻程度来看,似乎属于某一时期。在这些样本中,可能存在几件明瓷。但要证明这一点几乎不太可能。大英博物馆的收藏中有一件浅碟,具有广东陶器的特点,其上刻有铭文,表明它是在天启五年(公元 1625 年)烧制的。这件器物胎质细腻,釉面有蓝、灰、褐色斑点及条纹,从材质、颜色和光洁度来看,质量上乘。显然,铭文是在器物运离窑厂之后刻上去的,虽然它能展示浅碟的真实信息,但不能完全相信其中的内容。索法尔先生的花瓶(见插图 104),造型具有典型的明代风格。各个细节表明,它属于当代。底足呈铁锈色,釉面呈紫褐色,布满了茶叶绿色斑点。

---

① 石湾西。广州以东几里外还有一个石湾,在我的《中国陶瓷》第 2 卷（*Chinese Pottery and Porcelain*, Vol. 2）第 172 页中被误认为是著名的陶艺中心。——原注

② 见《岭南文库》（*Lingnam*）,第 60 页。——原注

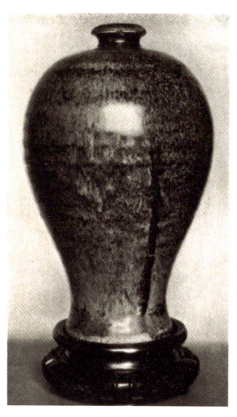

插图 104

紫棕釉带斑点绿梅瓶,粗陶,胎体呈红棕色,高 10.75 英寸

让·索法尔藏

　　无须提醒读者"明""源"字款与所指朝代无关,因为这两个字来源于著名广东①陶艺家葛明祥和葛源祥两兄弟的名字。这些陶艺家的名字出现在各种器物上,其中一些非常现代。我们把注意力从其他地方②转移到明代的广东人物塑像上,其中有的施火焰红釉,有的施斑驳的灰蓝釉,有的施青瓷绿釉。这些人物形象代表道教圣人、神仙、动物和飞禽,制作工艺精湛,从典型的红褐色或铁红色的炻器表面可以看出,塑像裸露部分一般不施釉。但它们的烧制时间大多相对近代,而不是明代,更可能是 19 世纪。

　　另一种广东器物如今被称为"佛山钧",显然与其他器物一样,属于石湾陶器,胎体一致,造型大致相同,釉层肥厚,黏度高。但釉色却让人想起带有紫斑的淡紫色钧釉。与宜钧③一样,人们尝试仿制古老的钧州釉,然而仿品与真品差距甚远。

　　布林克利的书中描述④,另外一种类型的器物也是由广东陶工烧制的。"具有代表性

---

①　葛明祥和葛源祥是乾隆时期宜兴地区有名的陶艺家,此处原著或许有误。——译者注

②　见 R. L. 霍布森所著 *The Wares of the Ming Dynasty*,第 7 页。——原注

③　见 R. L. 霍布森所著 *The Wares of the Ming Dynasty*,第 197 页。——原注

④　见 F. 布林克利所著《日本与中国》(*Japan and China*),第 9 卷,第 261 页。——原注

的是深浮雕缠枝莲纹或牡丹纹大花瓶或执壶，釉面如奶油般光滑，厚薄不均，光泽不一，浅黄色的釉面微微泛蓝。"还需补充的是，此种器物的釉面有时像是仿钧瓷的紫红釉，但色泽不透明，没有真钧釉的垂流现象，且开片明显。

这类器物①有时被认为是宋代的，但理由不够令人信服。我们把其中一些器物断定为明朝可能是对的，如高肩小口浮雕莲纹栏杆状花瓶，这件器物的造型明显符合断代特征。然而，大英博物馆有几件器物属于18世纪之后。

有些仿制品的胎体呈浅黄色，并且还施一层深褐色的黏土，这是近代制作方法。这一特征同样出现在另一类广东钧瓷上。我指的是一些碟子和碗，釉料流入深结晶区并呈现出蓝紫色、绿色或琥珀色。这些孔雀蓝釉很多都格外美丽，它们被视为宋代还是明代瓷器至今是一个谜。

宜 兴 陶 瓷

我们很少会有这样的经历：对于某一件中国器物，我们掌握了它的所有来源信息并能够对它进行一番翔实的描述，基于此，我们想给宜兴陶瓷多做一番描述，而不是一味地说明它的重要性。弗兰克·布林克利②将宜兴陶器及其历史资料从日文翻译成英文，17世纪的中国著作《陶录》中介绍它的章节让我们了解了宜兴陶器，这不亚于我们对英国斯塔福德郡工业的了解。

宜兴县位于江苏太湖③的西部。在附近的山丘上奇迹般地发现了各种各样的黏土，这些黏土烧制后可以制成朱砂红色、深棕色、梨皮黄色、绿色和淡红色的器皿，而其他颜色通过混合颜料可得。在附近的金沙寺有位僧人，他是把这些黏土用得恰到好处的第一人，他用黏土来制作喝茶用的器皿。之后，这个秘密被叫作供春的人学得，这倒让供春后来的名声远远超过了真正的创烧者。供春生于明正德年间，他的茶壶以"指螺纹隐起可按"闻名。这些茶壶"栗色暗暗如古金铁"，大拙而巧，无与伦比。事实上，它可能与上天的暗示有关。项元汴所著的《历代名瓷图谱》④中记录了两个供春花五百两买入的茶壶。一个是六角形状，呈灰褐色；另一个是壶形，呈朱红色：它们都有一种神奇的特性——当用于泡茶时，茶壶变为翠绿色。项元汴补充说，若不是亲眼所见，他是不会相信有这回事的。

---

① 见 R. L. 霍布森所著《中国陶瓷》第 2 卷（*Chinese Pottery and Porcelain*, *Vol. 2*），图版 47 图 2 及《伯灵顿杂志》1910 年 1 月刊。——原注

② 见 F. 布林克利所著《日本与中国》（*Japan and China*），第 9 卷，第 355 – 363 页。此书可能取材于《阳羡茗壶系》，一部关于阳羡（宜兴旧名）茶壶的著述。——原注

③ 原文为 the Great Lake（大湖），可江苏有太湖却没有大湖，且太湖西面就是宜兴，所以此处应为太湖，原文可能有误。——译者注

④ 见 R. L. 霍布森所著《中国陶瓷》第 2 卷（*Chinese Pottery and Porcelain*, *Vol. 2*），图版 44 和45。——原注

明代有许多的宜兴陶工都享有盛名,如制陶名家时大彬、李仲芳、徐友泉、陈仲美、陈俊卿。万历年间还有一位名为董瀚(1573—1619)的人,他是第一个在器物表面装饰精美浮雕的陶工。陈仲美原在景德镇制瓷。除了茶具外,他还造香盒、花杯、镇纸等,甚至观音雕像,其手法"重锼叠刻,细极鬼工"。

有趣的是,真正的茶壶时代就始于供春时期。据 F. 布林克利记载,好的茶壶应是小而浅的,壶盖内凸,壶嘴笔直。这种宜兴茶壶至今仍为日本茶道大师所推崇,而且显然是出自另一位明代著名陶艺家惠孟臣之手,因为大英博物馆就藏有其落款的器皿(尽管可能非原创)。但从现有的或是这之后的器物来看,宜兴陶艺家并没有一直满足于制作形制单一的茶壶。相反,最为人们所熟知的是那些形制奇特的器皿。

时至今日,这些工厂仍然很活跃,由于中国人比较传统,一些古老的传统技法一直沿用下来,所以要给每件器物断代总是很困难。我们并不在意目前大量的明显是明代以后的器物,但要发现一件真正出自明代陶工之手的陶器也并非易事。或许可以肯定,有一些茶壶至少不会晚于 1670 年,因为大约就在那以后,这些茶壶就被荷兰陶艺家阿里·德·米尔德(Ary de Milde)和英国陶艺家 J. 德怀特(Dwight)和埃勒尔(Elers)仿制。这些茶壶使用模印图案装饰,浮雕梅枝或印花纹,种类繁多。但西欧在 17 世纪后半叶才开始流行喝茶,所以明代的宜兴茶壶不太可能通过一般的贸易方式传到欧洲。

我们所了解的宜兴陶器中,无论是相对较软的陶器还是能够在拉坯车上抛光的质地坚硬的炻器,无疑都准确地反映了早期陶器的类型。一般来说,它是一种未施釉的炻器,颜色各异,通常呈红色或黄褐色。这种陶器很久以前就被叫作"buccaro"(即未施釉的陶器),严格说来,这个词专指美洲印第安人的某些陶器。还有其他不太为人所熟知的宜兴陶器种类。宜兴陶器的淡黄色或红色胎体上会施一层釉,所以容易被误认为是软钧器或广东陶器。

多亏一个叫欧子明的明代陶工烧制施釉的宜兴陶器,他成功地仿制了"哥窑器的开片和官窑、钧窑器的釉色"。欧子明的"宜钧"无疑是《博物要览》中钧窑主题下很有意思的内容——"近年新烧,皆砂土为骨,釉水微似,制有佳者,俱不耐久"。

雍正年间,欧子明烧制的釉陶器因质佳而受到认可,景德镇的御窑厂便进行仿烧。有两种釉料还被列为当时的御供瓷器,分别是红釉和蓝釉。

我们并没有欧窑真品,只能通过仿钧釉器物的性质来判断。明代宜钧无疑保留了古老的风格,有些胎体泛黄,釉色由淡紫色渐变为蓝色。釉面浑厚且不透明。因为有流釉现象,所以器身上层釉薄,下层釉厚。釉色因条纹而变淡。器身开片不明显,光泽柔和,介于钧釉的乳浊感和广东釉的丝绸般光泽感之间,这两种釉也效仿钧釉。另一类宜钧在诸多方面与马钧①相似,其质地比真钧坚硬,胎体泛黄,釉面浑厚不均且透明。釉色常为

---

① 见 R. L. 霍布森所著《中国陶瓷》第 2 卷(*Chinese Pottery and Porcelain*,*Vol*. 2)第 227 页。——原注

翠紫色,但有时表面会有薄薄的深红斑,好像有人故意为之。有时,底部的数字落款也给人仿钧的错觉。

　　其实给这些宜兴陶器断代并非易事,而且许多现有器物的年代都相对现代。但藏于大英博物馆的一只碗可能是这种类型,年代可能是明晚期。它有宜兴陶器特有的红色炻器胎体,釉面肥厚不均,蓝中泛紫,伴有轻微开片。从碗的内壁可以看出长期使用的痕迹,中低温釉面磨损明显,无红斑或蓝斑。颜色是宋代官窑瓷器的颜色,而不是钧瓷的釉色,即常说的"制有佳者,俱不耐久"。我们很容易就把以前的记载(特别是译文)与我们的心爱之物联系起来,尽管我们很想这么做,但我们必须克制自己,切勿断言这只碗出自欧子明之手。不过可以肯定的是,这是一件早期的宜兴釉陶。

　　插图 105 所示的宜兴陶器就是一位明代制陶名匠的作品。茶壶造型简单朴素,颜色似巧克力呈深红色,表面粗糙如梨皮,光泽柔和自然。茶壶底座刻"荆溪惠孟臣制"六字,这是由惠孟臣在荆溪(宜兴的旧名)所刻。

插图 105

深红棕色茶壶,粗糙梨皮表面,落款"荆溪惠孟臣制",宜兴陶器直径 4.75 英寸(加壶柄和壶嘴)

乔治·尤摩弗帕勒斯藏

第十六章　其他地区的陶瓷

　　虽然明代的瓷器烧制主要集中在一两个地区,但是陶器烧制似乎遍布全国。一般来说,陶器作为低价商品,运输成本高,其工业不利于集中在某个地区。总之,地方陶瓷通常只满足当地的需求。我们对地方陶器的了解实际上仅限于几个名称,这一章节将涵盖大量的地方陶瓷。

　　但在讨论个别的陶瓷或特殊的陶瓷之前,必须提到一种陶瓷,即明器,它并不局限于在某一地区烧制。汉唐时期与明器相关的有趣发现已在其他著作①中讨论过,我们只需要注意一点,通过给逝者提供人、兽等象征性随葬品可以帮助他们死后继续追求尘世享乐,这是中国人的风俗习惯。

　　在早期时代的随葬品中,陶器似乎最受青睐,后来我们发现其他材料(如木头)使用更广泛。据悉,现在有一种更经济的方式是,在墓前焚烧随葬品照片。

　　从一个明代大人物②的墓葬清单中可以了解明代的传统墓葬习俗仍然备受推崇:"木制壶、炉各一件,带托浅盘、壶或瓶,陶制酒壶一件,唾壶一件,水盆一件,香炉一件,烛台两件,香盒一件,茶杯一件,茶碟一件,筷子两双,勺子两只等,木碗两件,木盘十二件;还有木制的床、屏风、柜子、长榻等各种家具;乐师十六名,侍卫二十四名,脚夫六名,侍女十名;四只神兽——青龙、白虎、朱雀、玄武;两名门神与十名武士,皆为木制,高一尺。"由此可见,墓葬家具多为木制。但已发现的其他墓葬表明,在中国的某些地方,陶器仍被广泛用于随葬品之中。例如,维多利亚与艾尔伯特博物馆中收藏了明代墓葬出土的一件陶宅模型和两名侍者陶像,其中一名可见插图 106。侍者与唐墓的明器人物有着明显的相似之处。由此可知,中国墓葬品的制作风格与其他方面一样,也是一成不变的。

　　即便在最普通的墓穴中,也有可能发现为逝者准备的盛有食物的碗和罐子。托马斯・托伦斯牧师(Rev. Th. Torrance)向大英博物馆捐赠了许多四川明墓出土的器物。它们属陶胎,胎体泛红,釉色为巧克力棕,有时带乳灰色斑,常见装饰用制作粗糙的龙纹浮雕。其他地方也发现了与其外观非常相似的陶罐,白色龙纹浮雕堆贴在棕色胎体上,极大

---

①　贝特霍尔德・劳费尔的《汉代陶瓷器论考》(*Chinese Pottery of the Han Dynasty*)、R. L. 霍布森的《中国陶瓷》第 1 卷(*Chinese Pottery and Porcelain*, *Vol. 1*)、A. L. 赫瑟林顿的《中国早期陶瓷器物》(*The Early Ceramic Wares of China*)、奥斯卡・吕克・恩布登的《中国早期陶器》(*Chinesische Frühkeramik*)。——原注

②　见高延(J. J. M. de Groot)的《中国宗教体系》第 2 卷(*The Religious System of China*, *Vol. 2*),第 809 页。——原注

插图 106

棕红釉人物陶塑,随葬品,人物身着施绿釉的长袖外套,其他部分未施釉,

但覆一层白色泥浆,明墓出土,高 7.875 英寸

维多利亚与艾尔伯特博物馆藏

可能是明器。无论这些陶罐对于考古学者多么有吸引力,对明代收藏家来说,它们都过于粗糙,激发不了他们的兴趣。

更具吸引力的是双肩铺首衔环龙纹浮雕酒罐,尽管它们还没到展示在陈列柜里的程度,但菲律宾和东印度群岛的当地人珍藏了好几个世纪。插图 107 中的一件小巧别致的器物属于此类样本。它是一件六系罐,铺首制作简单随意,器身四周饰"双龙赶珠"龙纹浮雕和瓦纹,施浅橄榄棕釉,釉底有波浪纹,施釉不到底,这是仿制唐代陶器的工艺。此罐是在婆罗洲发现的,曾被达雅族①珍藏。

这类陶器很可能是在与以上岛屿有贸易往来的南方海港附近烧制的。福建制作的陶器供应给厦门和泉州府的商人,距离海港几英里的枫溪陶器供应给汕头商人,石湾陶器则供应给广东河口的贸易商。

① 又译作达雅克人,是婆罗洲的古老居民。——译者注

插图 107

浅黄色罐,施浅橄榄棕釉,两侧刻有"双龙赶珠"浮雕图案,外壁刻叠瓦纹,约制作于 1600 年,高 9 英寸
奥古斯都·弗兰克斯藏(大英博物馆)

在此罐(见插图 108)旁有一件小花瓶,饰浮雕缠枝牡丹和两朵玫瑰花,风格洒脱随意,极具艺术性。这件器物属陶胎,胎体呈赭褐色,施草绿色釉,因年深日久而焕发光彩。浮雕纹饰施深黄釉和锰棕色釉。罐内施深褐色釉。和上文描述的出口陶器一样,肩部有多系,可以穿绳。毫无疑问,它是从中国南方港口交易而来的。这件花瓶被发现于阿瑜陀耶①佛塔废墟中,与其他几件英国的收藏属于同一类,其中最为著名的是藏于牛津大学阿什莫林博物馆特雷德斯坎特收藏的罐子。

插图 108

明晚期绿釉陶罐,胎体泛红,牡丹浮雕施黄、棕彩,被发现于阿瑜陀耶废墟中,高 8.75 英寸
大英博物馆藏

---

① 曾为泰国首都。——原注

这件作品①不仅因明亮的绿釉而不同寻常，还因历史渊源为其他属于这一类型的器物提供了佐证。特雷德斯坎特收藏的创立者于 1627 年逝世，所以我们完全可以将这类陶器归于明末时期。

它在哪里烧制尚不清楚，但正如前文所述，很有可能是中国南方的陶器。目前我们也不能确定更具体的信息。高夫所藏的一件器物体现了装饰风格的变化，其中的图案是划花而不是浮雕。

还有其他因特征相似而属于同一类型的陶器，但是我们不清楚其历史或来源。其中有一种，质地坚硬，胎体呈淡黄色，底部同样未施釉，一般由模具制成，胎体较薄，通常有模印或贴花装饰，施松石绿釉、黄褐色釉和深茄皮紫釉。

这一类型无疑源自明代，属于明代三彩。同样毋庸置疑的是，它的烧造一直延续到今天②。因此，收藏家需要有很强的鉴别能力，尤其是在许多乐观商人不加辨别地给它们贴上"明代"标签的情况下。

这类器物在中国很多地方都有烧制。有一些是在中国南方生产的，而我们知道在山西太原附近的马庄还有窑厂到现在还在生产。有些样本的外观更具现代特征，胎体更为粗糙，颜色偏燕麦色。插图 109 展示了一件陶器样本。从造型和装饰风格来看，它极可能

插图 109

明晚期颜色釉三足狮耳香炉，胎体呈淡黄色，采用模印和贴塑工艺，施绿、松石绿、黄、茄皮紫釉。
颈部饰观音等人物浮雕，器身饰龙纹和叶纹浮雕，高 18 英寸
斯蒂芬·温科沃斯藏

---

① 见《乡村生活》（*Country Life*），1921 年 1 月 1 日刊。——原注
② 例如，在芝加哥菲尔德博物馆就有一个花瓶，两侧有狮子图案，施灰青釉，现作为现代太原烧制的陶器保存在那里。——原注

属于明代。其双耳呈猛狮状,颈部饰观音浮雕,器身有一条龙盘旋在树叶中,三足为狮形,施绿釉、松石绿釉、黄釉和茄皮紫釉。还有插图 110 所示的香炉,以深紫色为地,梅花浮雕施白、松石蓝彩,一对龙形手柄施黄、蓝彩。插图 111 所示的六角瓶,以深紫色为地,龙纹浮雕施松石绿釉。但这种特征在插图 112 中造型细长的花觚上表现得最明显,其胎体呈浅黄色,以松石绿为地,用凸起的线勾勒开花植物轮廓,在花纹间填以白色、蓝紫色釉。

插图 110

深紫地螭龙双耳香炉,胎体呈浅黄色,器身饰梅花浮雕,施白、绿彩,狮耳施黄、蓝彩,
制作于 16 世纪,高 4 英寸
安特卫普·卡恩伯爵夫人藏

插图 111

六角花瓶,颈部饰松石绿釉龙纹浮雕,胎体呈淡黄色,施深蓝紫釉,高 8.25 英寸
恩斯特·格兰迪迪耶藏(卢浮宫)

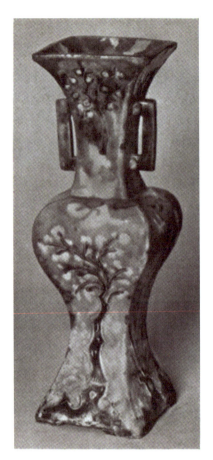

插图 112

松石绿地双耳梅花浮雕方瓠，胎体呈淡黄色，梅花施白色和蓝紫色釉，制作于 16 世纪，高 13.75 英寸

乔治·尤摩弗帕勒斯藏

　　显然，这组类型中质量较好的样本与另一种颇具艺术性的明代三彩有关联。明代的三彩瓷造型亮丽，色彩鲜艳，是明代陶瓷器物中最杰出的品种。插图 58、插图 112 和插图 114 也展示了精妙绝伦的明代三彩，读者还会想起许多其他的样本，比如尤摩弗帕勒斯和卢浮宫收藏的几件样本①，以及素廷收藏中的那一件。其中最受欢迎的造型是细长的花瓠，长颈，撇口，颈部两侧饰双环柄，装饰较为复杂。大英博物馆藏有一件造型简单的花瓶（卷首图），顶部只有一个大象头装饰，其他的则有菊花、荷花或灵芝等其他装饰。这些花瓶四周一般饰大朵四季花卉，花朵在岩石或水中盛开，用凸起的黏土线勾勒图案轮廓，类似于掐丝珐琅风格装饰的瓷器②。当然，还有许多其他的造型，如插图 9 所示的花瓶、大鱼缸、香炉、瓶子、盖罐和栏杆状花瓶。一般来说，它是一种近乎瓷器的炻器，胎体泛

---

　　① 见 R. L. 霍布森所著《中国陶瓷》第 2 卷（*Chinese Pottery and Porcelain*, *Vol. 2*），图版 53、54。——原注

　　② 见 R. L. 霍布森所著 *The Wares of the Ming Dynasty*，第 30 页。——原注

黄,坚硬质密,釉面滋润,有细微开片,施中温色釉,常见的有瓜皮绿、淡奶油白(这是由于在泛黄的胎体上罩了一层透明釉)、偏淡粉色的茄皮紫釉、明亮的松石蓝或孔雀蓝釉和深蓝紫釉。后三种釉料常用作背景色,效果很好。

有些样本,尤其是花盆、大龙缸这种质地粗糙的软质瓷,瓷胎颜色更红,釉层质量不佳,容易剥落。

这类精美的器物,样本虽然并不常见,但足以组成极其重要的类别。令人惊讶的是,中文文献从未探讨过这一类型的历史渊源,中国人似乎很满足于称其属于明代,而不进一步深究。在过去,一定有一个制陶中心因烧制如此精美的陶器而颇享美名。有人指责中国人对他们的小手工艺品的历史细节漠不关心,但这样也无济于事。再者,对这类陶器的来源进行简单的猜测,也益处不大。若实在要猜的话,那可能就是苏州了。

中国风景宜人的城市之一——苏州,坐落在江苏省大运河旁,肯定是几个世纪以来有名的制陶工业中心。直到今天,苏州也因陶器而享誉盛名。就比如我们所了解的硕大又精美的龙缸和花盆,商人们称其为"苏州盆"。在《钦定古今图书集成》引用的《明史》中,提到了苏州为南京寺庙烧制的瓷砖瓦片,以及为皇宫制作的花瓶和酒器。另一段甚至详细记载了用于制作黄色器皿上的黄釉的氧化铁,以及宫廷专用的龙凤纹器物上的钴蓝料。《陶说》也记载了宣德年间著名的苏州蟋蟀盆:"又苏州陆、邹二姓所造,极工巧,雕镂精致,出之大秀、小秀者尤妙。大小秀,邹氏二女也。当时重促织之戏,胜负至千百,不惜重直购盆,故精巧如此,匪独陶器。"

蟋蟀罐的用处可以想得到,但令人怀疑的是,这些带孔的器物是否真的有用。蟋蟀罐的两侧和顶部有细小的气孔,有利于透光和空气流通,蟋蟀也不会逃走。这种蟋蟀罐的烧制为最精巧的玲珑瓷①烧造提供了经验。

回到使我们联想到苏州的陶器上,G. 本森的收藏中有一件颜色极好的样本,如插图113 所示,展现了美丽温润的茄皮紫釉。孔雀蓝釉可见本书卷首图的花瓶。其他插图,如蜥蜴双耳花瓶(见插图114),以茄皮紫为地,饰菊花浮雕,浮雕施紫色以外的三彩釉;插图115 中美丽的花瓶,颈部呈竹节状,施茄皮紫釉,瓶身施松石绿釉,梅花浮雕呈白色和茄皮紫色。G. 本森收藏中的一对花瓶和安东尼·罗斯柴尔德收藏中的一件花瓶在堆雕纹饰上都有小的印花装饰。

---

① 见第 R. L. 霍布森所著 *The Wares of the Ming Dynasty*,第 69 页和第 143 页。——原注

插图 113

浮雕花盆，画花、鸟、月，颈部上方、下方各绘一周蕉叶纹，口沿下方绘一周回纹，

浅黄色炻器，制作于 16 世纪，高 15.5 英寸

G. 本森藏

插图 114

明晚期茄皮紫地浅浮雕菊花敞口梨式瓶，胎体呈浅黄色，施彩釉，高 16.5 英寸

G. 本森藏

插图 115

明晚期茄皮紫地刻花梅花花瓶,颈部呈竹节状,施紫釉,瓶身施松石绿釉,刻花部分施紫、白釉、

制作于 16 世纪,高 10.5 英寸

乔治·尤摩弗帕勒斯藏

插图 116 中的花瓶,颈部呈球状,胎体接近炻器,绿色胎地用黏土线勾勒纹饰轮廓,以黄釉、松石绿釉、茄皮紫釉和白釉填彩,属于明晚期的陶器。而且,它与花盆(插图 117)以及三足洗等属于人们熟知的陶器系列。

另一类体形硕大且尤为重要的明代陶器和本书第 16 页所述的瓷器有较大关联。它们造型相同,有宽口盖罐、花盆、香炉、人物塑像和石窟器皿,用同样的釉色组合装饰图案,其图案有的用黏土线勾勒而成(掐丝珐琅风格),有的划花和刻花而成,还有浮雕或镂空装饰。其实它与颜色釉瓷一样,但它属于陶胎,胎体呈红色或浅黄色,硬度介于陶器和炻器之间。插图 118 所示是一件这类器物的精美样本。从照片看,它与同一类别的瓷器其实并没有区别。这是尤摩弗帕勒斯收藏的一件精美的陶胎宽口罐,底部平坦,未施釉,带有掐丝珐琅风格的凸起黏土线装饰。罐身绘寿老和八仙,以绿色为地,施松石绿釉、深黄釉、蓝釉、淡茄皮紫釉。颈部施绿松石蓝釉,釉面开片。人物脸上并未施釉,上下一周分别绘常见的卷云纹和莲瓣纹,肩部一周绘如意云头纹,内绘八宝纹。然而,我们还是对

插图 116

明晚期颜色釉绿地莲纹花瓶,浅黄色炻器,施松石绿、茄皮紫、琥珀黄和白釉,高 14.25 英寸

亨利·奥本海姆藏

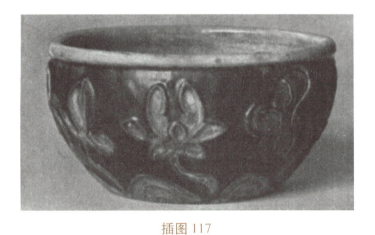

插图 117

明晚期深紫地花盆,胎体呈淡黄色,莲花纹施绿、黄和孔雀蓝彩,内壁为蓝色,直径 7.5 英寸

奥古斯都·弗兰克斯藏(大英博物馆)

插图 118

掐丝珐琅风格蓝釉彩罐,质地细腻,底部平坦,饰寿老和八仙人物。肩部绘一周如意云头纹,内绘佛教八吉祥,底部绘一周莲瓣纹,颈部绘一圈卷云纹。人物脸部为素胎,其余图案在绿色的胎体上施深黄、蓝、淡茄皮紫和白彩,约制作于 15 世纪,高 10.5 英寸

乔治·尤摩弗帕勒斯藏

这些精美罐子①的出处一无所知。我们不知道任何一处以生产此类器物著称的窑厂。我们只能猜想,和大多数中国陶器一样,这是专门为满足当地需求而烧制的,它们可能来自广泛分布在中国各地的窑厂。

这些器物的原料与琉璃瓦和建筑装饰的原料没有太大区别,在中国应用广泛,在中国无数地区都有烧造。它们所施的釉彩有绿、黄、茄皮紫、深蓝和松石蓝,这些颜色也都出现在砖瓦上。其中一些器物的胎体与更加精美的建筑陶器很相像。

这些器物以及建筑陶器的断代都可能出现较大失误,因为它们从明初到今天一直在生产。然而,这些罐子的造型和同类瓷器的装饰风格,还是能够告诉我们一些有用的信息,这些信息是可以进行断代的。可有一些类型在中国一直存在,依然是未解之谜,需引起关注。比如,我们很难将梅塞尔②收藏的大型三足炉和另一件卢浮宫③的收藏区分开

___

① 大多数都在仪真县、宁国府和曲阳县烧制而成,这些地方在 16 世纪都为朝廷烧制酒罐。见 R. L. 霍布森所著 *The Wares of the Ming Dynasty*,第 213 页。——原注

② 见 R. L. 霍布森所著《中国陶瓷》第 2 卷(*Chinese Pottery and Porcelain*, *Vol.* 2),图版 55 图 2。——原注

③ 见马奎特·德·瓦塞洛(J. J. Marquet de Vasselot)与巴洛特(Mlle M. J. Ballot)所著的《卢浮宫藏中国瓷器》,插图 22b。——原注

来。它们两侧都有龙纹和牡丹浮雕,颈部开光内绘人物,并且两个直立的手柄上刻有铭文。不过,梅塞尔收藏的香炉的落款是 1529 年,卢浮宫收藏的那件铭文上则是万历时期。此外,林德利·斯科特收藏①中有一件釉陶人物塑像,若不是镌刻铭文所示其烧造年份是 1659 年,它差点被认为是明代所产。再者,铭文将这个陶俑描述为"本县琉璃瓦",如此重要的描述②证实了我们的看法——当地瓦当采用釉陶装饰。

插图 119 中的筒瓶就是这种陶器,而且其牡丹龙纹深浮雕与梅塞尔和卢浮宫所藏的有明确年代的香炉有相似之处。它们都施绿釉和蓝釉,局部施黄釉,而浮雕部分是淡黄色素胎。

插图 119

深浮雕牡丹龙纹筒瓶,胎体呈浅黄色,上下各刻一周回字纹,施蓝釉、绿釉、黄釉,局部未施釉,

制作于 16 世纪,高 10 英寸

吉恩·亨尼斯藏

砖瓦和建筑装饰出现的时期比实际的要早,但它们的风格依然保持不变。尽管在 17 和 18 世纪涌现了许多屋顶精致的新庙宇和公共建筑,但砖瓦和屋顶的设计还是接近明代风格。我们可以从南京大报恩寺和南京附近的明墓中所挖掘的碎瓦片来研究典型的明初建筑陶器。它们都建于明代初期,在 19 世纪中叶的太平天国运动中遭到破坏。大英博物馆藏有这类残片样本。南京屋顶砖瓦的一头通常为饰盘龙浮雕的圆盘,浅黄色陶胎上主要施绿釉和黄釉,胎质坚硬。当然,屋顶砖瓦还有其他装饰和釉色,这种圆盘后来

---

① 于 1915 年在伯灵顿美术俱乐部展出。——原注

② 见 R. L. 霍布森所著 The Wares of the Ming Dynasty,第 227 页。——原注

被加上了中国风格的配件,或者被改造成了砚台。尽管收藏家可能很想入手这种圆盘,但他们不太可能在展柜里收藏这样的东西。庙宇的屋顶和瓦檐巧妙地运用了神话人物、飞禽和动物形象,深受收藏者的喜爱。它们都神采焕发,朝气勃勃,所施的彩釉也让人赏心悦目。其中许多无疑是明代陶器,但人们知道还有许多是来自18世纪北京的建筑。两者之间的区别主要是风格,这种特点耐人寻味。

列举一份中国最著名的砖瓦清单用处不大,而且读起来肯定会很枯燥,尤其是当我们无法指出它们的任何显著特征时。然而,我们可以肯定的是,几乎每一个人口众多的地区,附近都有砖瓦厂,其中许多生产陶器和饰件以及建筑材料。

琉璃局①的陶器厂最早可以追溯到元代,而且它会提供陶器给北京的建筑者。据了解,在明代,苏州为南京宫廷进贡砖瓦。但洪武年间,有些砖瓦直接在南京烧制。人们猜测,大英博物馆的一件藏品——来自长江金岛②寺庙的黄釉龙头饰件,是在长江北岸的瓜洲③烧制的。

从建筑陶器自然而然过渡到了十分重要的明代雕塑,我们有必要在另一章说明不能将釉陶人物塑像直接断定为明代。但无论是陶器还是瓷器,我们的收藏中都有很多真品,这可以从它们的质地和所施的釉料性质来鉴别。其中包括单个人物塑像和成套人物塑像,精美的神龛、石窟器皿,以及不那么具有历史意义的装饰物件,如贝壳、水果、船只、香狮、枕头和刻有小浮雕的牌匾等。这些器物的造型,无论大小,通常都刚劲有力,釉料和三彩瓷所施的釉料相同。在1910年伯灵顿美术俱乐部④举办的中国早期器物展览中,G.本森收藏中有许多明代雕塑佳作,其中包括一套精美的八仙人物塑像。

插图120展示了格兰迪耶收藏中的一组别具匠心的作品——一匹高贵的马和马夫以及站在一旁准备上马的骑手。浅黄色胎体施深蓝紫釉,局部施绿釉、松石绿釉、黄釉,并有陶制底座。显然,这件器物装饰风格简洁质朴,但是搭配得恰到好处,高贵主人的沉着冷静与"一流马夫"的虚妄浮夸形成了鲜明的对比。

插图121是一件集装饰和实用功能为一体的香炉,造型是跛脚仙人铁拐李。可拆卸的底座是用来烧香和盛放香灰的,烟从铁拐李左手拿着的葫芦嘴里飘出来。铁拐李传说能够护佑占卜师与术士,他的葫芦能发出奇妙的光芒⑤。铁拐李的形象让奇思妙想的陶工想到让香炉中的烟从葫芦嘴里逸出。这件塑像的胎体呈赭褐色,长袍施松石绿釉和深蓝紫釉。裸露部分为素坯,未施釉。波浪底座暗示神仙在去往道教天国的路上。

① 也提到武清县在北京附近有砖瓦工厂,可能就是琉璃局。——原注
武清县,今天津武清区。——译者注
② 现镇江金山。——译者注
③ 现江苏省扬州市。——译者注
④ 详见《1910年伯灵顿美术俱乐部中国早期陶瓷展览图录》。——原注
⑤ 见叶慈(Walter Perceval Yetts)所著的《八仙》。——原注

插图 120

成组陶器，包括马夫、骑马人和一匹马，方形底座，彩釉陶器，深蓝紫地，局部施绿釉、松石绿釉、黄釉，
约制作于 15 世纪，高 18 英寸
恩斯特·格兰迪迪耶藏（卢浮宫）

插图 121

乞丐仙人铁拐李香炉，红色陶器，裸露部分未上釉，长袍施以松石蓝釉和深紫釉，底座为波浪形，
制作于 16 世纪，高 16.5 英寸
乔治·尤摩弗帕勒斯藏

插图 122 是大英博物馆于 1917 年收藏的一尊历史人物塑像,是冥府七大判官之一的雕像。他手拿生死簿,凶神恶煞。陶胎,胎体淡黄偏灰,质地坚硬,器表主要施褐紫、绿和黄釉。根据器物风格,有人认为它属于明晚期。

插图 122

明晚期硬质灰陶冥府判官雕像,釉面施绿、黄、茄皮紫和白釉,高 54 英寸

大英博物馆藏

《钦定古今图书集成》①给出的陶器清单中,提到了一些明代的陶瓷。很大程度上,它们对我们而言只是名称,但即使是非常模糊的描述对我们识别某类样本也大有裨益。

15 世纪,河南汝宁府的蔡村②有一座生产陶瓷的窑口。"青谷蜀山",所涵盖土地范围包括四川、湖南、湖北三省,我们得知那里的陶工以黄色黏土制胎,再罩一层黑色原料,烧制罐、药壶、鼎、碟、碗和祭器等。另一种在这些地区烧制的陶器与钧器很像。遗憾的是,这些描述模糊不清,我们不知道这些覆盖黑色涂层的器物的烧制时间最早追溯到何时。

根据宣德时期的文献记载,位于直隶真定府曲阳县的窑厂在 1553 年和 1563 年专门

① 见《钦定古今图书集成》中《陶工部汇考》第 9、10 页及《陶工部纪事》第 2 页。——原注
② 见 R. L. 霍布森所著 *The Wares of the Ming Dynasty*,第 228 页。——原注

为宫廷生产酒罐和花瓶。另一段记载了山东青州府的颜神镇①是一处大型的制瓷中心，从事这一行的当地人所获得的利润不比景德镇的本地人少。其主要产品包括贮水器、罐子和大锅等。

　　江苏扬州府仪真县以瓦厂闻名，明代初期专门为南京宫廷生产酒罐。1528 年，安徽宁国府的窑厂也生产类似器皿。宣州在元代和明代生产薄胎白瓷，"宣州雪白瓷"因 16 世纪诗人王世贞②而扬名四海。《陶录》列举了明代开始经营的河南、山东、山西、江西等地的窑口名。但我们对其产品一无所知，只知道是粗瓷器或炻器，光是听名字就没什么兴趣，除了江西的横峰。明初处州府人瞿志高在横峰设立窑厂，16 世纪迁至景德镇附近的麻坑。这两地烧制的器物都很粗糙，但创始人来自青瓷之乡的事实可能表明它们是青瓷。

---

① 今属山东省淄博市。——译者注
② 明代南京刑部尚书、诗人，其诗《谢宜兴令惠新茶》曾云"泻向宣州雪白瓷"。——译者注

第十七章　款识、铭文

　　中国陶瓷常见各种铭文。铭文富有诗意,介绍陶瓷纹饰,但不涉及烧造日期或地点。通常可以在陶瓷底部发现款识,从这可以了解此件陶瓷的历史。款识是压印、刻划或绘制的。明代瓷器多用釉下青花绘制,很少使用其他釉上彩,如红色。尽管款识本身就像印章一样常被长方形框围住,但其常用字体是楷书,篆书则很少出现在明代款识之中。如果铭文是水平绘制篆刻的,则从右往左读字;若是竖直的,则从上到下、从右往左读。

　　款识可以分为以下四类:年代款、堂名款、工匠款和颂器款。

一、年代款

　　陶瓷烧制时期可从在位皇帝的年号看出。完整的年号款由六个字组成,如"大明宣德年制"。缩写款识会省去"大明"两个字,直接落"宣德年制",或者"大明年制"①也全省去。有时,"造"会代替"制",但两字均为制造之意,所以意义并未受到影响。年号款识落在双圈内,因为双圈的绘制由一个陶工负责,但落款由另一个陶工负责,所以在运送过程中,有时会因为疏忽而导致双圈内未落款识。有人认为这种现象是明晚期的特征,这是错误的。

　　皇帝年号常用于这些年代款中,梅辉立②的《中文读者指南》、翟理斯③的《汉英词典》等④都有完整的年号表。从插图 20、28、35、44、82、86 中可以看出这些款识是如何落款的,并且也展示了器底的胎质,这也是收藏家们非常感兴趣的地方。有时,年号款识置于陶瓷底部以外的其他地方(见插图 47 和插图 87)。

　　我们不能完全相信瓷器上的年号款识,宣德、成化等经典时期的年号款识在此后历朝的瓷器上频繁使用,落入俗套,这一点无须再说明,更不用说在日本不同时期精心仿造的明代瓷器了。

　　懂得中国书法精妙之处的人,或许可以从年号款识的书写风格中了解得更多。我们

------

　　① 有人认为,这个款识是明朝洪武年间所使用的。但是,对这个推论只能持保留意见。这个款识曾出现于日本瓷器上。——原注

　　② 梅辉立(William Frederick Mayers),英国汉学家。——译者注

　　③ 翟理斯(Herbert Allen Giles),英国剑桥大学汉学教授,研究中国语言、文化、文学研究及翻译。——译者注

　　④ 见威廉·伯顿和 R. L. 霍布森所著《陶瓷款识手册》(*Handbook of Marks on Pottery and Porcelain*)。——原注

认为官窑上的款识是由御器厂"写字作"的书法家①书写的,官窑瓷器上写真正的年号。民窑很少注意款识的书写和准确性。鉴赏家们很少依据普通的年号款识鉴定真品,除非有充分的判断依据。

少数陶瓷除了落款年号还具体到干支日期,如插图 23 所示,落"大明宣德癸丑年造"款(即 1433 年)。干支纪年,以 60 年为一个周期,每年都由两个字组成,从十天干和十二地支中各取一字。若要进一步了解天干地支以及如何取名,读者可以参考梅辉立的《中文读者指南》。他在书中提供了一种如何给天干地支纪年取名的方法,A. L. 赫瑟林顿先生在另一卷书②中也提供了一个富有创造性的天干地支表。

甲 chia	乙 i	丙 ping	丁 ting	戊 mou	己 chi	庚 kéng	辛 hsin	壬 jén	癸 kuei
子 1 tsŭ	丑 2 ch'ou	寅 3 yin	卯 4 mao	辰 5 ch'én	巳 6 ssŭ	午 7 wu	未 8 wei	申 9 shén	酉 10 yu
戌 11 hsü	亥 12 hai	子 13	丑 14	寅 15	卯 16	辰 17	巳 18	午 19	未 20
申 21	酉 22	戌 23	亥 24	子 25	丑 26	寅 27	卯 28	辰 29	巳 30
午 31	未 32	申 33	酉 34	戌 35	亥 36	子 37	丑 38	寅 39	卯 40
辰 41	巳 42	午 43	未 44	申 45	酉 46	戌 47	亥 48	子 49	丑 50
寅 51	卯 52	辰 53	巳 54	午 55	未 56	申 57	酉 58	戌 59	亥 60

第一字代表十天干之一,天干与地支结合在一起形成每个周期性年代的名字。如果看铭文时,从天干开始竖直往下读,再读地支,就可以马上读出年份。以插图 23 上的铭文为例,其上写有"癸"字,是上表中从左往右读的第十个天干,"丑"字为第二个地支。从"癸"字这一列开始竖直向下数六格,就能在上表中找到组合,这表示第五十年。因为一些铭文中只提及干支纪年,我们只能根据陶瓷的风格特色或其他证据来确定相关的年份。但我们只讨论宣德之后的周期纪年,我们不难知道宣德癸丑年的干支纪年是 1433 年。

天干地支纪年应该是在公元前 2637 年开始的,但在明代,我们只关注始于公元 1324 年、1384 年、1444 年、1504 年、I564 年和 1624 年的周期。

① 见 R. L. 霍布森所著 The Wares of the Ming Dynasty,第 19 页。——原注
② 见 A. L. 赫瑟林顿所著《中国早期陶瓷器物》(The Early Ceramic Wares of China),第 145 页。——原注

少见的是具体到王朝第几年的年号款识,若要看得懂,就必须了解汉字数字:

1 = 一	5 = 五	9 = 九
2 = 二	6 = 六	10 = 十
3 = 三	7 = 七	
4 = 四	8 = 八	

本书提及的朝代

汉(公元前 206 年—公元 220 年)

唐(公元 618 年—公元 907 年)

宋(公元 960 年—公元 1279 年)

元(公元 1206 年—公元 1368 年)

明(公元 1368 年—公元 1644 年)

清(公元 1616 年—公元 1911 年)

本书提及的明朝年号

洪武(公元 1368 年—公元 1398 年)

建文(公元 1399 年—公元 1402 年)

永乐(公元 1403 年—公元 1424 年)

洪熙(公元 1425 年)

宣德(公元 1426 年—公元 1435 年)

正统(公元 1436 年—公元 1449 年)

景泰(公元 1450 年—公元 1456 年)

天顺(公元 1457 年—公元 1464 年)

成化(公元 1465 年—公元 1487 年)

弘治(公元 1488 年—公元 1505 年)

正德(公元 1506 年—公元 1521 年)

嘉靖(公元 1522 年—公元 1566 年)

隆庆(公元 1567 年—公元 1572 年)

万历(公元 1573 年—公元 1619 年)

泰昌(公元 1620 年)

天启(公元 1621 年—公元 1627 年)

崇祯(公元 1628 年—公元 1644 年)

本书提及的清朝年号

康熙（公元 1662 年—公元 1722 年）

雍正（公元 1723 年—公元 1735 年）

乾隆（公元 1736 年—公元 1795 年）

洪武年制

成化年制（篆书）

永乐年制

大明弘治年制

永乐年制（古体字）

大明正德年制

大明宣德年制

大明嘉靖年制

大明宣德年制（篆书）

嘉庆年制

大明成化年制

大明隆庆年制

大明万历年制　　　　　　　大明天启年制　　　　　　　崇祯年制

万历丁酉陈文成塑　　　　　　万历年造；德化长春

二、堂名款

它之所以称为堂名款，是因为有"堂"字，或有相同之意的"斋"或"亭"字。"堂"在字典里意为"大厅，司法厅或法庭，祠堂和官方称号"。堂名是"家堂之名"，纪念家族历史上的杰出事件，如武德堂制。它出现在正房、墓穴和契约等地方。

很明显，堂名款有多种意义，如制瓷手的作坊名、自家的堂名、专门为某类建筑生产陶瓷的建筑名（如皇宫中的亭台楼阁、殿斋堂室）、订购陶瓷的店名或制作陶瓷的作坊名。在这些堂名款的多种意义中，很难确定其正确的意义，但好在我们不用去确定明代瓷器堂名款的意义。

明代堂名款很罕见，但是有一个堂名款经常出现在各种明代瓷器上，即"玉堂佳器"。此款识可能是窑厂名，也可能用于为北京翰林院制造的器物上。但这两种说法有人给出充分的理由①予以驳斥，尤其是后者。这些款识出现在各式各样的样本上，但风格明显属于明末。其中包括青花五彩瓷②、玲珑碗（见插图76）、咖啡棕釉③堆花罐、两只青花釉里

---

① 见 R. L. 霍布森所著《中国陶瓷史：从远古到元代》第 1 卷（*Chinese Pottery and Porcelain*，*Vol.* 1），第 218 页。——原注

② 见《乡村生活》（*Country Life*）中的两只瓷盘，1921 年 1 月 29 日刊。——原注

③ 同上。——原注

红碗（堂名款落在碗内部），这些均藏于大英博物馆。乔治·尤摩弗帕勒斯的收藏中有一件瓷瓶，其上雕刻的装饰施番茄红釉。玉堂款识与其说是堂名款识，倒不如说是明末时期的颂器款识①，正如早些时候的"富贵佳器"一般。

　　虽然"慎德堂"不是明朝的款识，但因为它出现在明瓷仿品上，所以也包括在内。其中一些有万历五彩瓷的装饰风格，其他的具有万历青花瓷的风格，甚至器底有放射状线条，釉面有瑕疵。

三、工匠款

　　工匠款识在瓷器上很罕见，几乎不可能出现在官窑瓷器中，但它们在民窑烧制的陶瓷器物上很常见。然而，要找到有明朝工匠款识的陶瓷并不容易。制瓷名家②昊十九给他的花盆落"壶隐道人"款，可我们还没有看到过一个样本。著名的明代宜兴陶工都会给他们烧制的器物落款，我们只看到过两种款识，一是"明源"款，二是"惠孟臣"款。插图105 的铭文中就出现了"惠孟臣"三字，其上写有"荆溪③惠孟臣制"。

玉堂佳器　　　　　　　明源　　　　　　　慎德堂制

惠孟臣　　　　　　慎德堂博古制　　　　　福藩制造

四、颂器款

　　在年号款或工匠款上也能发现几个字，表明器物的使用目的、对主人的美好祝愿或道德箴言。

　　据《博物要览》记载，祭坛杯上的款识用来表明器物的用途。正如宣德年间的"坛"

---

① "玉堂"有"高贵人家"之意。——原注
② 汉字见 R. L. 霍布森所著 *The Wares of the Ming Dynasty*，第 228 页。——原注
③ 宜兴的别名。——原注

款，嘉靖年间的"茶""酒""棗（枣）汤""姜汤"款。这些款识都落在杯内，但"金箓（篆）""大醮""坛用"款都落在杯底。藏于大英博物馆的一酒杯底部的"含馨"款也是吉语款。

如插图60和插图97，装饰图案上有时会书写或刻写更长内容的颂器款识。

"长命富贵""万福攸同"，或者象征性词语，如"丹桂"，都能表达美好的祝愿。"丹桂"表示登科及第的祝愿等。这种款识多见于嘉靖瓷器，大英博物馆有一件浅碟同时有万历款和吉语款识。其中最为人熟知的可能是"富贵佳器"款，许多明代后期陶瓷都有此款识。维多利亚与艾尔伯特博物馆收藏的官窑三足炉落"天下太平"款，表达无限祝愿。插图77中的瓷器落"禄位清高"款，有廉洁清高之意。

图案也能寓意良好的祝愿，如桃和仙鹤寓意长寿，蝙蝠寓意福等。这些符号款识常见于明朝以后的瓷器上。但有一类晚明的盘子底部也出现了仙鹤款，这说明明朝瓷器上也可能出现这种款识。在嘉靖或万历时期的各种瓷器上发现的兔纹款识也是如此。例如，一件带嘉靖款有喷泉①图案的执壶，插图62中的青花三羊碟，维多利亚与艾尔伯特博物馆收藏的一件管状花瓶（器表施蓝釉，男孩和树枝图案留白②）、一件杂彩罐、一件五彩罐（见插图89）都有这种兔纹款。在道家传说中，玉兔住在月亮上，它与嫦娥相伴，为百姓捣制长生不老药，所以较晚期的兔纹款识也包括月亮图案。

八宝纹和暗八仙的图案等都常见于后期的瓷器中，并不只用作明代款识。

富贵长春　　　　　丹桂　　　　　万福攸同

含馨　　　　　富贵佳器　　　　　白鹳

---

① 见 R. L. 霍布森所著 *The Wares of the Ming Dynasty*，第164页。——原注
② 见 E. 狄龙所著的《瓷》(*Porcelain*)，插图15。——原注

长命富贵

玉兔

玉兔

玉兔

帅府公用

八吉祥（又称佛教八宝）

本书中关于明代陶瓷器物的相关词汇

贴金	苏麻泥
饯金者	苏泥浡
洪武年内用制器	吉慈尼
脱胎	祭红;积红;霁红
拱样	鲜红

磬口

镘心

圈足

翠青

紫

青地闪黄

黄花暗龙凤花盒

素穰花钵

禹门

篆匣便用

福寿康宁

寿山福海

巴

乾坤清泰

有盖狮子样

万古长春四海来朝

永保长春

圣寿

顶妆

玲珑

禄位清高

万历辛卯如成家藏

陈珍山制

欧

本县琉璃瓦

大明年造

荆溪惠孟臣制

壶隐道人

昊十九

天下太平

本书参考的中文著作

《钦定古今图书集成》

《清秘藏》

《景德镇陶录》

《格古要论》

《博物要览》

《陶说》

关 于 地 名

以下是书中提到的主要制瓷中心的名称。

左右两边代表两种叫法：(1)普通话发音，即中国官方叫法；(2)邮政式发音，即普通话和地方发音结合的一种叫法。

普通话式		邮政式
Ching-tê Chên	景德镇	Kingtehchen
Ch'u-chou	处州	Chuchow
Ch'ü-yang	曲阳	Küyang

Chün Chou	钧州	
Fo-shan	佛山	Fatshan
Fêng-ch'i	枫溪	Fungkai
Fou-liang	浮梁	Fowliang
Hêng-fêng	横峰	
Hsüan Chou	宣州	
Jao Chou	饶州	Jaochow
Ju Chou	汝州	Juchow
Kua Chou	瓜洲	Kwachow
Liu-t'ien	琉田	
Lung-ch'uan	龙泉	Lungchüan
Nan-feng	南丰	Nanfeng
Po-shan	博山	Poshan
Shao-wu	邵武	Shaowu
Shih-wan	石湾	Shekwan（West）
Su Chou	苏州	Soochow
Tê-hua	德化	Tehwa
Ting Chou	定州	Tingchow
Tz'ǔ Chou	磁州	Tzechow（Chihli）
Wên Chou	温州	Wenchow
Yang-hsien	阳羡	
Yen-shên Chên	颜神镇	
Yi-chên	仪真	
Yi-hsing	宜兴	Ihing
Yü Chou	禹州	Yüchow（Honan）
Yung-ho Chên	永和镇	Yungho（Kiangsi）

参 考 文 献

［1］BOSCH-REITZ S C. Bulletin of the Metropolitan Museum of Art［J］. 1919.

［2］BRINKLEY C F. China：its history，arts and literature：vol. IX［M］. London：J. B. Millet Company，1904.

［3］BURTON W. Porcelain：a sketch of its nature，art and manufacture［M］. London：［s. n. ］，1906.

［4］BURTON W，HOBSON R L. Marks on pottery and porcelain［M］. London：Hard Press Publishing，1912.

［5］BUSHELL S W. Chinese porcelain［M］. Oxford：Clarendon Press，1908.

［6］BUSHELL S W. Description of Chinese pottery and porcelain［M］. Oxford：Clarendon Press，1910.

［7］BUSHELL S W. Oriental ceramic art：collection of W. T. Walters［M］. New York：D. Appleton and Company，1899.

［8］BUSHELL S W. Chinese art［M］. London：Victoria and Albert Museum，1904.

［9］BUSHELL S W，LAFFAN W M. Catalogue of the Morgan collection of Chinese porcelains［M］. New York：Metropolitan Museum of Art，1907.

［10］GROOT J J M De. The religious system of China［M］. Leyden：E. J. Brill，1894.

［11］DILLON E. Porcelain［M］. London：Methuen & Co. Ltd. ，1904.

［12］FRANKS A W. Catalogue of a collection of oriental porcelain and pottery［M］. London：George E. Eyre & William Spottiswoode，1878.

［13］GRANDIDIER E. La céramique Chinoise［M］. Paris：［s. n. ］，1894.

［14］HETHERINGTON A L. The early ceramic wares of China［M］. London：Benn Brothers Limited，1922.

［15］HETHERINGTON A L. The pottery and porcelain factories of China［M］. London：K. Paul，Trench，Trubner & Co. ，Ltd. ，1921.

［16］HIPPISLEY A E. Catalogue of the Hippisley collection of Chinese porcelain［M］. Washington：［s. n. ］，1906.

［17］HIRTH F，ROCKHILL W W. Chau Ju-kua：his work on the Chinese and Arab trade in the twelfth and thirteenth centuries［M］. Petersburg：Printing office of the Imperial academy of sciences,1912.

[18]HOBSON R L. Chinese pottery and porcelain[M]. London:Cassell and Company, 1915.

[19]ZIMMERMANN E. Chinesisches porzellan[M]. Leipzig:[s. n.],1913.

[20]HOBSON R L. Catalogue of a collection of early Chinese pottery and porcelain[M]. Burlington Fine Arts Club,1910.

[21]JULIEN S. Histoire et fabrication de la porcelaine Chinoise[M]. Paris:[s. n.], 1856.

[22]VASSELOT J J M de,BALLOT M M J. Céramique Chinoise:documents d'Art, Musée du Louvre[M]. Paris:[s. n.],1922.

[23]MAYERS W F. The Chinese reader's manual[M]. Shanghai:[s. n.],1874.

[24]PERZYNSKI F. Towards a grouping of Chinese porcelain[J]. The Burlington Magazine,1910(10-12).

[25]PLAYFAIR G M H. The cities and towns of China[M]. Hongkong:[s. n.],1910.